Positive and Negative Numbers

(Integers & Decimals)

Workbook

This Book Belongs To:

....

By πMath

TABLE OF CONTENTS

ANSWER KEY IN BACK

Name: _____ Date: _____

Decimal Numbers on Number Lines

```
├──┼──┼──┼──┼──┼──┼──┼──┼──┼──┼──┤
  -6       -5       -4       -3       -2       -1
```

A = -4.5   B = -3.5   C = -5.5   D = -2.5

```
├──┼──┼──┼──┼──┼──┼──┼──┼──┼──┼──┤
  -8       -7       -6       -5       -4       -3
```

A = -4.5   B = -7.5   C = -6.5   D = -5.5

```
├──┼──┼──┼──┼──┼──┼──┼──┼──┼──┼──┤
  -4       -3       -2       -1        0        1
```

A = -3.5   B = -4.5   C = -2.5   D = 0.5

```
├──┼──┼──┼──┼──┼──┼──┼──┼──┼──┼──┤
  -3       -2       -1        0        1        2
```

A = 1.5   B = 0.5   C = -1.5   D = -3.5

```
├──┼──┼──┼──┼──┼──┼──┼──┼──┼──┼──┤
  -2       -1        0        1        2        3
```

A = -2.5   B = 1.5   C = -1.5   D = 0.5

Name: _____   Date: _____

DAY 2

Decimal Numbers on Number Lines

B   C   D   A

-6   -5   -4   -3   -2   -1

A = _____   B = _____   C = _____   D = _____

B   C   A   D

-3   -2   -1   0   1   2

A = _____   B = _____   C = _____   D = _____

A   C   D   B

-7   -6   -5   -4   -3   -2

A = _____   B = _____   C = _____   D = _____

D   C   B   A

-4   -3   -2   -1   0   1

A = _____   B = _____   C = _____   D = _____

D   A   B   C

-5   -4   -3   -2   -1   0

A = _____   B = _____   C = _____   D = _____

DAY 3 **Decimal Numbers on Number Lines**

-5	-4	-3	-2	-1	0

A = __-2.5__   B = __-3.5__   C = __-1.5__   D = __-4.5__

-4	-3	-2	-1	0	1

A = __-3.5__   B = __0.5__   C = __-4.5__   D = __-1.5__

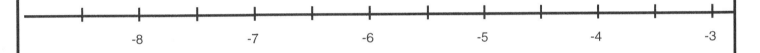

-8	-7	-6	-5	-4	-3

A = __-5.5__   B = __-8.5__   C = __-4.5__   D = __-7.5__

-3	-2	-1	0	1	2

A = __0.5__   B = __-2.5__   C = __-1.5__   D = __-3.5__

-2	-1	0	1	2	3

A = __1.5__   B = __-1.5__   C = __2.5__   D = __-2.5__

Name: _____   Date: _____

Decimal Numbers on Number Lines

C   B   D   A
|—————|—————|—————|—————|—————|—————|—————|—————|—————|—————|
    -4   -3   -2   -1   0   1

A = _____   B = _____   C = _____   D = _____

              B   D   A   C
|—————|—————|—————|—————|—————|—————|—————|—————|—————|—————|
    -8   -7   -6   -5   -4   -3

A = _____   B = _____   C = _____   D = _____

C   D   B   A
|—————|—————|—————|—————|—————|—————|—————|—————|—————|—————|
    -5   -4   -3   -2   -1   0

A = _____   B = _____   C = _____   D = _____

B   D   A   C
|—————|—————|—————|—————|—————|—————|—————|—————|—————|—————|
    -6   -5   -4   -3   -2   -1

A = _____   B = _____   C = _____   D = _____

C   A   B   D
|—————|—————|—————|—————|—————|—————|—————|—————|—————|—————|
    -3   -2   -1   0   1   2

A = _____   B = _____   C = _____   D = _____

Name: _____   Date: _____

Decimal Numbers on Number Lines

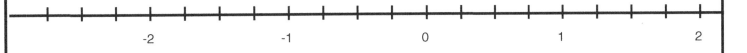

-5   -4   -3   -2   -1

A = _-5.5_   B = _-4.25_   C = _-3.75_   D = _-2.25_

-2   -1   0   1   2

A = _-2.75_   B = _0.25_   C = _1.25_   D = _-1.5_

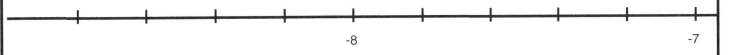

-8   -7

A = _-7.4_   B = _-8.2_   C = _-8.6_   D = _-8.8_

-3   -2   -1   0   1   2

A = _-2.5_   B = _-3.5_   C = _-1.5_   D = _0.5_

-7   -6   -5   -4   -3   -2

A = _-5.5_   B = _-4.5_   C = _-7.5_   D = _-3.5_

Name: _____ Date: _____

Decimal Numbers on Number Lines

A = _____ B = _____ C = _____ D = _____

A = _____ B = _____ C = _____ D = _____

A = _____ B = _____ C = _____ D = _____

A = _____ B = _____ C = _____ D = _____

A = _____ B = _____ C = _____ D = _____

Name: _____   Date: _____

DAY 7   Decimal Numbers on Number Lines

-3   -2

A = __-2.4__   B = __-3.8__   C = __-3.2__   D = __-3.6__

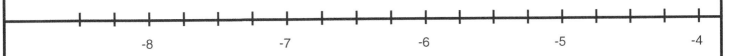

-6   -5   -4   -3   -2   -1

A = __-2.5__   B = __-6.5__   C = __-5.5__   D = __-3.5__

-8   -7   -6   -5   -4

A = __-8.25__   B = __-6.75__   C = __-5.25__   D = __-7.5__

-4   -3

A = __-4.2__   B = __-3.4__   C = __-3.6__   D = __-4.8__

-5   -4   -3   -2   -1   0

A = __-4.5__   B = __-2.5__   C = __-5.5__   D = __-1.5__

Name: _____   Date: _____

DAY 8 — Decimal Numbers on Number Lines

A = _____   B = _____   C = _____   D = _____

A = _____   B = _____   C = _____   D = _____

A = _____   B = _____   C = _____   D = _____

A = _____   B = _____   C = _____   D = _____

A = _____   B = _____   C = _____   D = _____

Name: _____   Date: _____

DAY 9   Decimal Numbers on Number Lines

-3   -2

A = -3.75   B = -3.625   C = -3.5   D = -2.375

-7   -6

A = -6.2   B = -6.8   C = -7.1   D = -6.3

-8   -7   -6   -5   -4

A = -6.333   B = -8.667   C = -7.333   D = -5.667

-2   -1

A = -1.4   B = -1.6   C = -2.8   D = -2.2

-4   -3   -2   -1   0   1

A = -2.5   B = 0.5   C = -1.5   D = -3.5

Name: _____   Date: _____

Decimal Numbers on Number Lines

D ⋮   B   A   C

-4

A = _____   B = _____   C = _____   D = _____

          C   D   B   A

-2   -1   0   1   2

A = _____   B = _____   C = _____   D = _____

C   B   D   A

-6   -5   -4   -3

A = _____   B = _____   C = _____   D = _____

                    B   C   D   A

-3

A = _____   B = _____   C = _____   D = _____

A   B   D   C

-8

A = _____   B = _____   C = _____   D = _____

Name: _____   Date: _____

Write the Correct Comparison Symbol (>, < or =) in Each Box

1) -2.1 ☐ -0.21

2) -1.18 ☐ -0.118

3) 3.42 ☐ 3.43

4) 8.68 ☐ 0.868

5) 0.52 ☐ 0.052

6) -3.09 ☐ -0.309

7) 8.64 ☐ 8.6

8) 4.81 ☐ 4.84

9) -0.54 ☐ -0.56

10) -9.71 ☐ -0.971

11) -5.96 ☐ -5.99

12) -2.79 ☐ -2.86

13) -6.19 ☐ -6.21

14) -6.97 ☐ -0.697

15) 2.11 ☐ 0.211

16) 2.26 ☐ 2.22

17) 0.86 ☐ 0.87

18) -3.87 ☐ -3.94

19) 6.77 ☐ 6.76

20) 2.6 ☐ 2.58

Name: _____   Date: _____

DAY 12

Write the Correct Comparison Symbol (>, < or =) in Each Box

1) -2.39 ☐ -2.41

2) 2.57 ☐ 2.57

3) -2.43 ☐ -2.41

4) -0.32 ☐ -0.032

5) 8.42 ☐ 0.842

6) -2.19 ☐ -0.219

7) -5.48 ☐ -0.548

8) 7.09 ☐ 7.11

9) -2.99 ☐ -2.93

10) 5.17 ☐ 5.16

11) 8.39 ☐ 8.36

12) 0.99 ☐ 0.099

13) -0.71 ☐ -0.73

14) -3.99 ☐ -0.399

15) 0.6 ☐ 0.53

16) -8.67 ☐ -8.7

17) -3.57 ☐ -3.59

18) 0.4 ☐ 0.43

19) 0.99 ☐ 0.099

20) 1.59 ☐ 0.159

Name: _____   Date: _____

DAY 13

Write the Correct Comparison Symbol (>, < or =) in Each Box

1) 5.43 ☐ 5.4

2) 8.59 ☐ 0.859

3) -0.51 ☐ -0.52

4) -0.59 ☐ -0.61

5) -4.81 ☐ -4.76

6) 9.5 ☐ 0.95

7) 4.03 ☐ 4.07

8) -4.71 ☐ -0.471

9) 4.99 ☐ 0.499

10) 0.63 ☐ 0.68

11) 2.66 ☐ 0.266

12) -8.28 ☐ -0.828

13) -1.01 ☐ -0.97

14) 9.94 ☐ 0.994

15) -3.46 ☐ -3.45

16) 1.77 ☐ 1.79

17) -6.38 ☐ -6.36

18) 1.98 ☐ 2.03

19) -1.47 ☐ -1.49

20) -4.68 ☐ -0.468

Name: _____   Date: _____

DAY 14

Write the Correct Comparison Symbol (>, < or =) in Each Box

1) -3.17 ☐ -3.24   11) -1.48 ☐ -0.148

2) 6.92 ☐ 6.93   12) -1.65 ☐ -0.165

3) 5.19 ☐ 5.13   13) -1.77 ☐ -0.177

4) 3.19 ☐ 0.319   14) -8.17 ☐ -8.25

5) 1.09 ☐ 1.1   15) 5.88 ☐ 0.588

6) -0.6 ☐ -0.62   16) 3 ☐ 2.98

7) 6.21 ☐ 0.621   17) 7.09 ☐ 7.11

8) 2.09 ☐ 0.209   18) -2.17 ☐ -2.14

9) -7.77 ☐ -7.71   19) -6.49 ☐ -6.47

10) 2.31 ☐ 2.35   20) -6.57 ☐ -0.657

Name: _____   Date: _____

DAY 15

Write the Correct Comparison Symbol (>, < or =) in Each Box

1) -0.89 ☐ -0.95   11) 3.2 ☐ 0.32

2) 2.28 ☐ 0.228   12) -3.34 ☐ -0.334

3) 6.52 ☐ 0.652   13) 9.54 ☐ 9.53

4) 9.91 ☐ 9.87   14) -3.38 ☐ -3.41

5) 5.14 ☐ 5.21   15) -4.95 ☐ -4.89

6) -7.95 ☐ -0.795   16) 2.47 ☐ 2.43

7) -8.58 ☐ -0.858   17) -1.67 ☐ -1.67

8) -7.4 ☐ -0.74   18) -1.47 ☐ -1.47

9) -3.29 ☐ -3.32   19) 4.96 ☐ 4.99

10) 3.06 ☐ 3.05   20) 1.69 ☐ 0.169

Name: _____ Date: _____

DAY 16

Write the Correct Comparison Symbol (>, < or =) in Each Box

1) -7.19 ☐ -0.719   11) 0.38 ☐ 0.4

2) 3.47 ☐ 0.347   12) 3.03 ☐ 0.303

3) -1.72 ☐ -1.66   13) -4.97 ☐ -4.98

4) 5.55 ☐ 5.58   14) 4.54 ☐ 4.56

5) 2.22 ☐ 2.21   15) -4.08 ☐ -0.408

6) -1.28 ☐ -1.31   16) -6.88 ☐ -6.91

7) 1.61 ☐ 0.161   17) -6.34 ☐ -6.31

8) -0.75 ☐ -0.72   18) 9.6 ☐ 0.96

9) 3.7 ☐ 0.37   19) -5.87 ☐ -5.9

10) 6.92 ☐ 0.692   20) -2 ☐ -2.04

Name: _____   Date: _____

DAY 17

Write the Correct Comparison Symbol (>, < or =) in Each Box

1) -1.58 ☐ -1.54   11) -6.24 ☐ -0.624

2) -9.16 ☐ -9.11   12) -5.12 ☐ -0.512

3) 7.07 ☐ 7.06   13) 3.64 ☐ 3.59

4) -0.45 ☐ -0.045   14) 4.19 ☐ 0.419

5) 9.1 ☐ 9.05   15) 0.63 ☐ 0.063

6) 8.21 ☐ 8.2   16) -7.1 ☐ -0.71

7) -2.13 ☐ -2.15   17) 5.04 ☐ 5.02

8) 5.5 ☐ 5.52   18) -7.36 ☐ -0.736

9) 0.44 ☐ 0.44   19) -1.65 ☐ -1.67

10) 5.7 ☐ 5.67   20) -6.75 ☐ -0.675

Name: _____   Date: _____

Write the Correct Comparison Symbol (>, < or =) in Each Box

1) 4.19 ☐ 0.419

2) 5.32 ☐ 5.34

3) -4.94 ☐ -4.96

4) -6.22 ☐ -6.18

5) -1.98 ☐ -0.198

6) -5.87 ☐ -0.587

7) 8.65 ☐ 8.63

8) 6.26 ☐ 0.626

9) 5.73 ☐ 5.71

10) 7.8 ☐ 7.81

11) -2.66 ☐ -2.65

12) -4.85 ☐ -4.82

13) 4.58 ☐ 4.61

14) -9.96 ☐ -0.996

15) -9.42 ☐ -0.942

16) 6.15 ☐ 0.615

17) -5.1 ☐ -5.12

18) -8.18 ☐ -8.12

19) 5.49 ☐ 5.51

20) 2.5 ☐ 0.25

Name: _____   Date: _____

DAY 19

Write the Correct Comparison Symbol (>, < or =) in Each Box

1) -2.61 ☐ -2.66

2) -1.23 ☐ -0.123

3) 1.54 ☐ 1.48

4) -1.34 ☐ -1.31

5) -3.98 ☐ -3.92

6) -8.17 ☐ -8.13

7) 2.56 ☐ 2.58

8) -8.13 ☐ -0.813

9) -6.66 ☐ -0.666

10) 1.96 ☐ 1.99

11) -3.08 ☐ -0.308

12) 9.24 ☐ 0.924

13) 8.09 ☐ 0.809

14) 7.78 ☐ 7.79

15) 6.53 ☐ 0.653

16) 6.73 ☐ 6.71

17) -1.78 ☐ -1.74

18) -2.78 ☐ -0.278

19) 2.11 ☐ 2.07

20) 8.71 ☐ 8.76

Name: _____ Date: _____

DAY 20

Write the Correct Comparison Symbol (>, < or =) in Each Box

1) 2.84 ☐ 0.284

2) 0.37 ☐ 0.037

3) 9.31 ☐ 9.32

4) -6.67 ☐ -6.71

5) 6.18 ☐ 6.18

6) 7.95 ☐ 0.795

7) 2.28 ☐ 0.228

8) -7.33 ☐ -7.35

9) 8.11 ☐ 8.11

10) -1.53 ☐ -1.54

11) -6.01 ☐ -0.601

12) -7.41 ☐ -7.39

13) -4.42 ☐ -4.42

14) 1.37 ☐ 1.42

15) 9.57 ☐ 9.6

16) -5.3 ☐ -5.34

17) -6.07 ☐ -0.607

18) -3.71 ☐ -0.371

19) 2.31 ☐ 0.231

20) -1.41 ☐ -1.39

Name: _____ Date: _____

DAY 21

Arrange and Write the Integers in Increasing Order

1) -71   -98   12   77

2) -73   46   82   91

3) -33   -23   -73   2

4) -39   65   -22   31

5) 86   -29   -89   -34

6) 75   -12   -43   -91

7) -63   24   -62   -36

8) 46   -1   16   44

9) 43   -57   87   91

10) 72   16   -19   97

11) -71   98   -73   -30

12) -8   21   6   -37

13) -55   -81   -51   22

14) 11   -62   -67   -61

15) -72   -7   37   67

16) -31   55   -89   26

17) 50   60   -59   -87

18) 4   56   -18   13

19) -59   44   -58   -70

20) 21   -12   76   40

Name: _____   Date: _____

DAY 22

Arrange and Write the Integers in Increasing Order

1) -13   -59   13   93   2) 53   81   -43   -3
_____   _____

3) -54   -80   59   -3   4) -33   -27   57   11
_____   _____

5) 67   60   27   38   6) -32   8   90   16
_____   _____

7) -8   -67   -30   -55   8) -99   -20   -58   -84
_____   _____

9) -61   -75   47   -92   10) 94   -14   92   -27
_____   _____

11) -2   47   -47   -73   12) 99   34   88   -6
_____   _____

13) 15   50   18   3   14) -41   5   0   57
_____   _____

15) 36   16   87   53   16) 25   92   9   51
_____   _____

17) 33   18   74   50   18) 38   92   1   57
_____   _____

19) 70   57   -63   -53   20) -25   47   -37   0
_____   _____

Name: _____   Date: _____

Arrange and Write the Integers in Decreasing Order

1)   -29   35   40   -65   2)   34   62   -68   -33

_____   _____

3)   -87   -38   -76   -65   4)   29   1   23   37

_____   _____

5)   -42   24   -91   -56   6)   32   21   -70   19

_____   _____

7)   -63   27   -26   -7   8)   32   16   77   80

_____   _____

9)   -92   -42   -67   46   10)   47   52   51   -62

_____   _____

11) -16   -71   50   -40   12)   21   -51   19   91

_____   _____

13)   69   29   24   -83   14) -72   -47   -30   -81

_____   _____

15)   43   -63   29   -41   16)   59   -5   -9   61

_____   _____

17)   12   28   -18   -44   18) -49   -99   -57   65

_____   _____

19)   82   -84   -77   10   20)   10   -65   -11   -77

_____   _____

Name: _____   Date: _____

Arrange and Write the Integers in Decreasing Order

1) -11   37   -29   40   2)   92   90   60   -57
_____   _____

3) -29   41   -14   64   4)   2   -2   69   -88
_____   _____

5) -62   -35   -30   87   6)   21   -30   61   88
_____   _____

7) -26   37   17   -59   8)   22   -32   31   62
_____   _____

9)   29   3   -69   -74   10) -68   62   -6   37
_____   _____

11) 13   -88   -39   -48   12)   9   -89   -37   21
_____   _____

13) -62   52   -49   25   14)   18   44   -89   31
_____   _____

15) 98   24   19   15   16)   -1   -33   -81   20
_____   _____

17) 98   -41   68   52   18)   84   32   -69   -41
_____   _____

19) -51   89   65   72   20) -87   -41   -47   -56
_____   _____

Name: _____   Date: _____

Order Decimals

Order the numbers from greatest to least.

1)	0.2 ; 0.88 ; 0.78	2)	0.5 ; 0.27 ; 0.8
3)	0.4 ; 0.48 ; 0.3	4)	1.41 ; 1.12 ; 1.18
5)	6.2 ; 6.51 ; 6.5	6)	4.59 ; 4.3 ; 4.5
7)	0.82 ; 0.5 ; 0.90	8)	1.8 ; 1.12 ; 1.55
9)	6.04 ; 6.31 ; 6.16	10)	3.47 ; 3.7 ; 3.87
11)	6.3 ; 6.1 ; 6.28	12)	0.47 ; 0.4 ; 0.2
13)	0.07 ; 0.3 ; 0.87	14)	0.3 ; 0.6 ; 0.87
15)	2.4 ; 2.8 ; 2.84	16)	0.1 ; 0.6 ; 0.2

Name: _____ Date: _____

Order Decimals

Order the numbers from greatest to least.

1)	7.25 ; 7.82 ; 7.96	2)	0.95 ; 0.5 ; 0.13
3)	0.3 ; 0.7 ; 0.41	4)	5.40 ; 5.88 ; 5.48
5)	0.1 ; 0.6 ; 0.30	6)	0.2 ; 0.3 ; 0.72
7)	0.3 ; 0.5 ; 0.1	8)	4.82 ; 4.8 ; 4.75
9)	5.86 ; 5.4 ; 5.7	10)	2.9 ; 2.82 ; 2.57
11)	4.10 ; 4.20 ; 4.71	12)	6.61 ; 6.8 ; 6.1
13)	2.6 ; 2.5 ; 2.3	14)	0.6 ; 0.7 ; 0.46
15)	0.35 ; 0.7 ; 0.1	16)	0.24 ; 0.98 ; 0.1

Name: _____ Date: _____

DAY 27

Order Decimals

Order the numbers from least to greatest.

1)	0.5 ; 0.1 ; 0.19 ; 0.8	2)	3.2 ; 3.7 ; 3.49 ; 3.4
3)	5.3 ; 5.7 ; 5.8 ; 5.38	4)	0.12 ; 0.07 ; 0.63 ; 0.1
5)	9.3 ; 9.58 ; 9.86 ; 9.1	6)	9.47 ; 9.2 ; 9.4 ; 9.04
7)	0.72 ; 0.49 ; 0.05 ; 0.14	8)	0.37 ; 0.92 ; 0.2 ; 0.1
9)	8.1 ; 8.7 ; 8.6 ; 8.41	10)	5.24 ; 5.1 ; 5.7 ; 5.4
11)	5.2 ; 5.52 ; 5.90 ; 5.31	12)	0.3 ; 0.2 ; 0.12 ; 0.4
13)	0.3 ; 0.1 ; 0.12 ; 0.5	14)	0.83 ; 0.65 ; 0.27 ; 0.16
15)	8.75 ; 8.18 ; 8.9 ; 8.8	16)	0.79 ; 0.65 ; 0.81 ; 0.8

Name: _____   Date: _____

Order Decimals

Order the numbers from least to greatest.

1)	**9.3 ; 9.2 ; 9.68 ; 9.6**	2)	**9.4 ; 9.16 ; 9.7 ; 9.57**
3)	**5.5 ; 5.61 ; 5.2 ; 5.50**	4)	**9.56 ; 9.7 ; 9.4 ; 9.59**
5)	**0.5 ; 0.61 ; 0.9 ; 0.1**	6)	**0.10 ; 0.02 ; 0.8 ; 0.6**
7)	**8.63 ; 8.98 ; 8.32 ; 8.3**	8)	**0.1 ; 0.07 ; 0.9 ; 0.2**
9)	**1.13 ; 1.4 ; 1.2 ; 1.9**	10)	**0.4 ; 0.70 ; 0.9 ; 0.65**
11)	**0.56 ; 0.74 ; 0.4 ; 0.5**	12)	**6.1 ; 6.7 ; 6.12 ; 6.77**
13)	**0.13 ; 0.84 ; 0.79 ; 0.7**	14)	**0.1 ; 0.94 ; 0.9 ; 0.79**
15)	**2.7 ; 2.82 ; 2.41 ; 2.76**	16)	**0.5 ; 0.71 ; 0.21 ; 0.93**

Name: _____ Date: _____

Order Decimals

Order the numbers from greatest to least.

1) **0.056 ; 0.4 ; 0.01 ; 0.9**	2) **0.6 ; 0.573 ; 0.1 ; 0.413**
3) **0.683 ; 0.68 ; 0.922 ; 0.88**	4) **0.231 ; 0.5 ; 0.671 ; 0.953**
5) **6.31 ; 6.585 ; 6.5 ; 6.865**	6) **4.613 ; 4.8 ; 4.7 ; 4.64**
7) **9.6 ; 9.34 ; 9.64 ; 9.431**	8) **3.1 ; 3.8 ; 3.330 ; 3.372**
9) **0.21 ; 0.37 ; 0.088 ; 0.7**	10) **9.1 ; 9.90 ; 9.9 ; 9.957**
11) **1.4 ; 1.06 ; 1.7 ; 1.38**	12) **0.369 ; 0.23 ; 0.965 ; 0.4**
13) **0.8 ; 0.44 ; 0.7 ; 0.27**	14) **6.82 ; 6.1 ; 6.79 ; 6.52**
15) **0.3 ; 0.54 ; 0.71 ; 0.5**	16) **2.4 ; 2.03 ; 2.040 ; 2.899**

Name: _____ Date: _____

Order Decimals

Order the numbers from greatest to least.

1)	**2.1 ; 2.3 ; 2.6 ; 2.4**	2)	**0.501 ; 0.80 ; 0.1 ; 0.36**
3)	**0.79 ; 0.602 ; 0.59 ; 0.1**	4)	**9.66 ; 9.5 ; 9.8 ; 9.73**
5)	**6.38 ; 6.62 ; 6.35 ; 6.214**	6)	**0.448 ; 0.61 ; 0.3 ; 0.8**
7)	**0.455 ; 0.281 ; 0.4 ; 0.2**	8)	**4.7 ; 4.69 ; 4.8 ; 4.308**
9)	**0.55 ; 0.9 ; 0.78 ; 0.363**	10)	**4.22 ; 4.506 ; 4.237 ; 4.520**
11)	**0.81 ; 0.23 ; 0.918 ; 0.70**	12)	**3.73 ; 3.4 ; 3.682 ; 3.6**
13)	**8.748 ; 8.86 ; 8.354 ; 8.1**	14)	**0.099 ; 0.222 ; 0.315 ; 0.4**
15)	**0.5 ; 0.168 ; 0.98 ; 0.183**	16)	**5.1 ; 5.846 ; 5.7 ; 5.29**

DAY 31

Number Lines

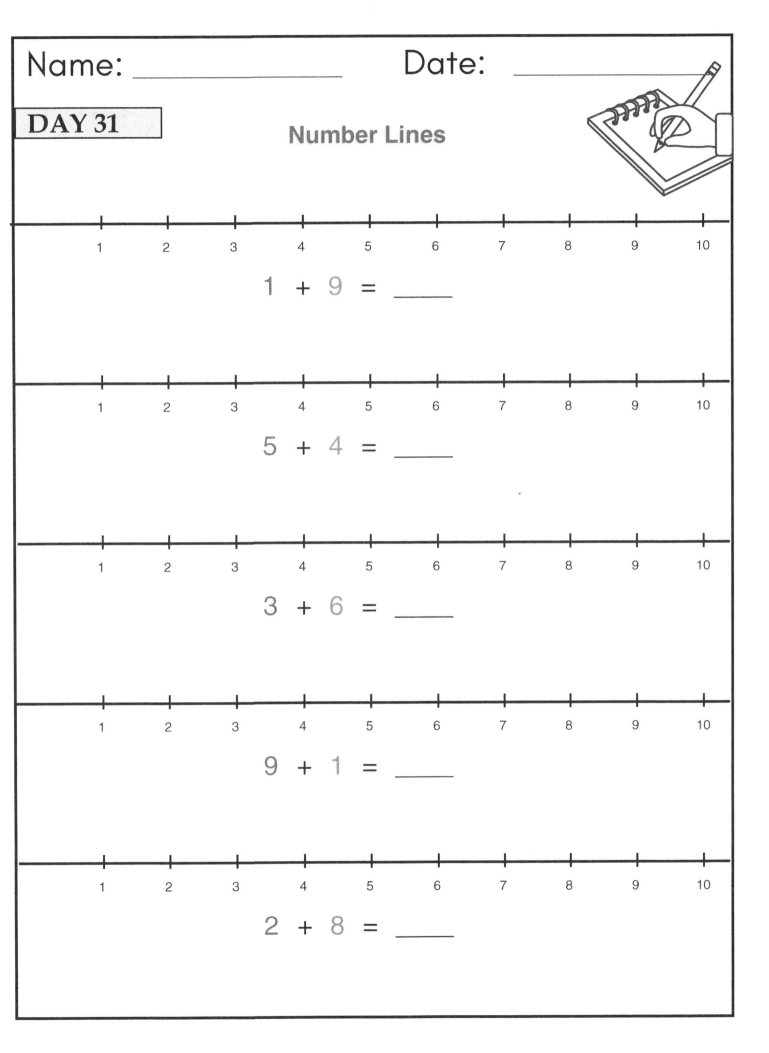

```
+----+----+----+----+----+----+----+----+----+
 1    2    3    4    5    6    7    8    9    10
```

$$1 \;+\; 9 \;=\; \underline{\hspace{2cm}}$$

```
+----+----+----+----+----+----+----+----+----+
 1    2    3    4    5    6    7    8    9    10
```

$$5 \;+\; 4 \;=\; \underline{\hspace{2cm}}$$

```
+----+----+----+----+----+----+----+----+----+
 1    2    3    4    5    6    7    8    9    10
```

$$3 \;+\; 6 \;=\; \underline{\hspace{2cm}}$$

```
+----+----+----+----+----+----+----+----+----+
 1    2    3    4    5    6    7    8    9    10
```

$$9 \;+\; 1 \;=\; \underline{\hspace{2cm}}$$

```
+----+----+----+----+----+----+----+----+----+
 1    2    3    4    5    6    7    8    9    10
```

$$2 \;+\; 8 \;=\; \underline{\hspace{2cm}}$$

Name: _____   Date: _____

Number Lines

| 1 | 2 | 3 | 4 | 5 | 6 | 7 | 8 | 9 | 10 |

$$8 - 1 = \underline{\quad}$$

| 1 | 2 | 3 | 4 | 5 | 6 | 7 | 8 | 9 | 10 |

$$6 - 1 = \underline{\quad}$$

| 1 | 2 | 3 | 4 | 5 | 6 | 7 | 8 | 9 | 10 |

$$9 - 1 = \underline{\quad}$$

| 1 | 2 | 3 | 4 | 5 | 6 | 7 | 8 | 9 | 10 |

$$4 - 3 = \underline{\quad}$$

| 0 | 1 | 2 | 3 | 4 | 5 | 6 | 7 | 8 | 9 | 10 |

$$7 - 2 = \underline{\quad}$$

Name: _____   Date: _____

Number Lines

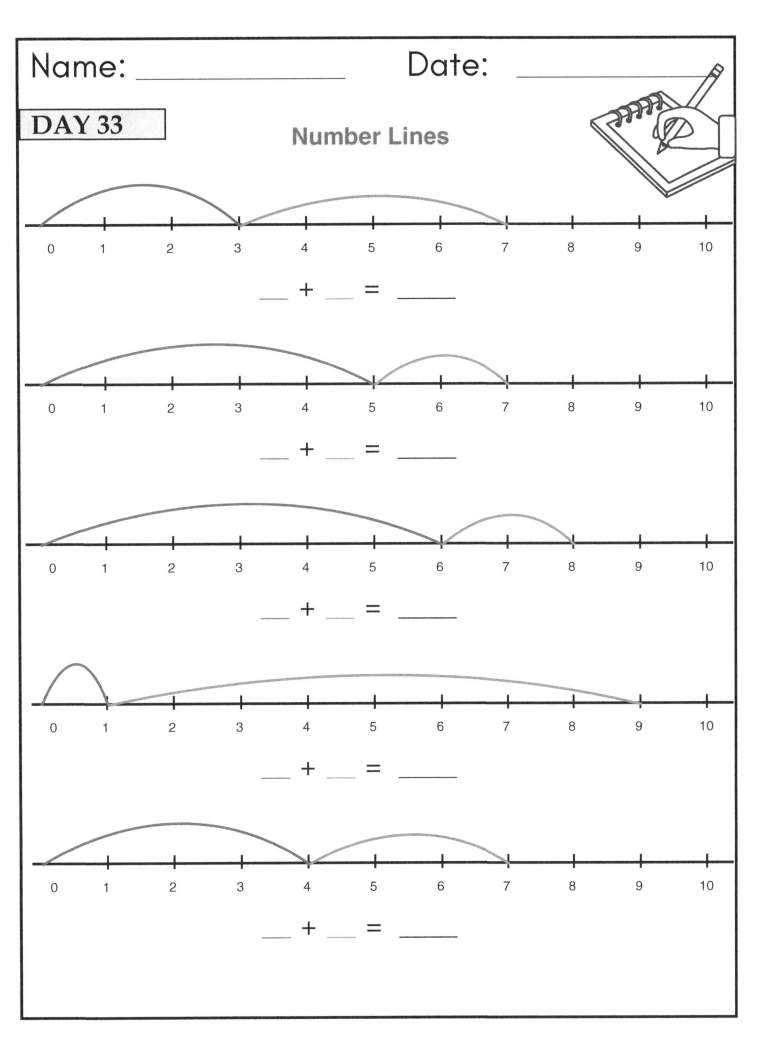

0   1   2   3   4   5   6   7   8   9   10

___ + ___ = _____

0   1   2   3   4   5   6   7   8   9   10

___ + ___ = _____

0   1   2   3   4   5   6   7   8   9   10

___ + ___ = _____

0   1   2   3   4   5   6   7   8   9   10

___ + ___ = _____

0   1   2   3   4   5   6   7   8   9   10

___ + ___ = _____

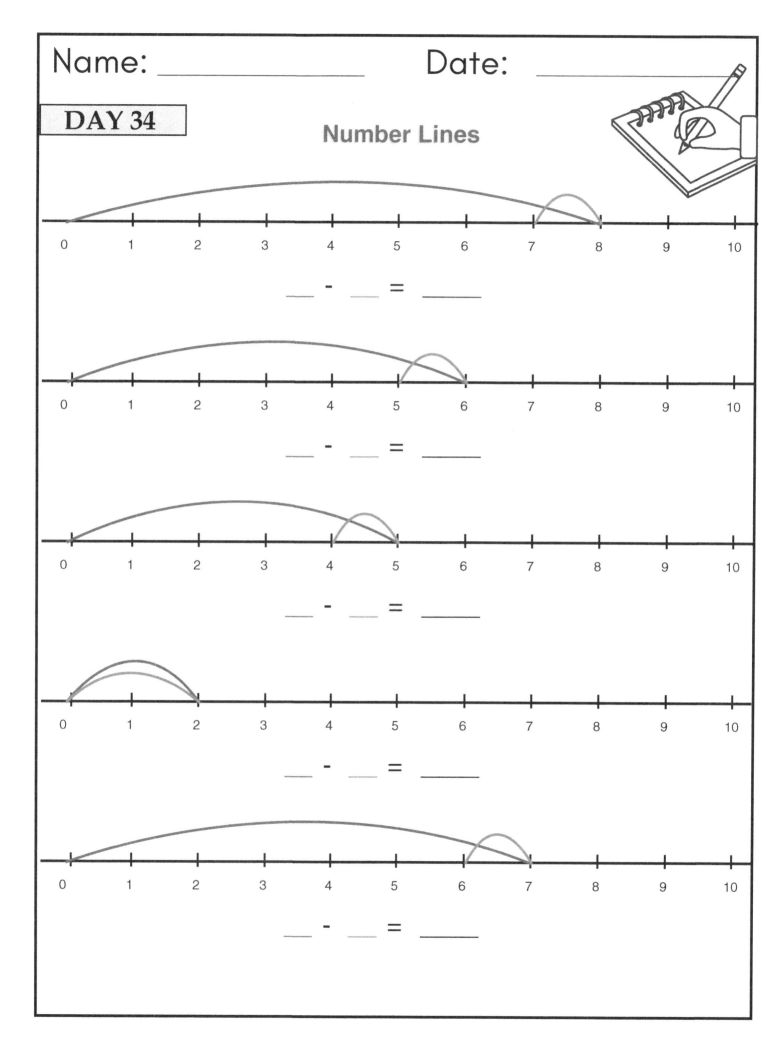

Name: _____ Date: _____

DAY 34

Number Lines

0   1   2   3   4   5   6   7   8   9   10

___ - ___ = _____

0   1   2   3   4   5   6   7   8   9   10

___ - ___ = _____

0   1   2   3   4   5   6   7   8   9   10

___ - ___ = _____

0   1   2   3   4   5   6   7   8   9   10

___ - ___ = _____

0   1   2   3   4   5   6   7   8   9   10

___ - ___ = _____

Number Lines

+	+	+	+	+	+	+	+	+	+	+	+	+	+	+	+
0	1	2	3	4	5	6	7	8	9	10	11	12	13	14	15

$$2 + 2 = \underline{\quad\quad}$$

+	+	+	+	+	+	+	+	+	+	+	+	+	+	+	+
0	1	2	3	4	5	6	7	8	9	10	11	12	13	14	15

$$5 + 1 = \underline{\quad\quad}$$

+	+	+	+	+	+	+	+	+	+	+	+	+	+	+	+
0	1	2	3	4	5	6	7	8	9	10	11	12	13	14	15

$$7 + 3 = \underline{\quad\quad}$$

+	+	+	+	+	+	+	+	+	+	+	+	+	+	+	+
0	1	2	3	4	5	6	7	8	9	10	11	12	13	14	15

$$3 + 1 = \underline{\quad\quad}$$

+	+	+	+	+	+	+	+	+	+	+	+	+	+	+	+
0	1	2	3	4	5	6	7	8	9	10	11	12	13	14	15

$$1 + 1 = \underline{\quad\quad}$$

Name: _____   Date: _____

Number Lines

| 0 | 1 | 2 | 3 | 4 | 5 | 6 | 7 | 8 | 9 | 10 | 11 | 12 | 13 | 14 | 15 |

$5 - 4 = \underline{\qquad}$

| 0 | 1 | 2 | 3 | 4 | 5 | 6 | 7 | 8 | 9 | 10 | 11 | 12 | 13 | 14 | 15 |

$3 - 1 = \underline{\qquad}$

| 0 | 1 | 2 | 3 | 4 | 5 | 6 | 7 | 8 | 9 | 10 | 11 | 12 | 13 | 14 | 15 |

$7 - 1 = \underline{\qquad}$

| 0 | 1 | 2 | 3 | 4 | 5 | 6 | 7 | 8 | 9 | 10 | 11 | 12 | 13 | 14 | 15 |

$8 - 2 = \underline{\qquad}$

| 0 | 1 | 2 | 3 | 4 | 5 | 6 | 7 | 8 | 9 | 10 | 11 | 12 | 13 | 14 | 15 |

$6 - 3 = \underline{\qquad}$

Name: _____   Date: _____

Number Lines

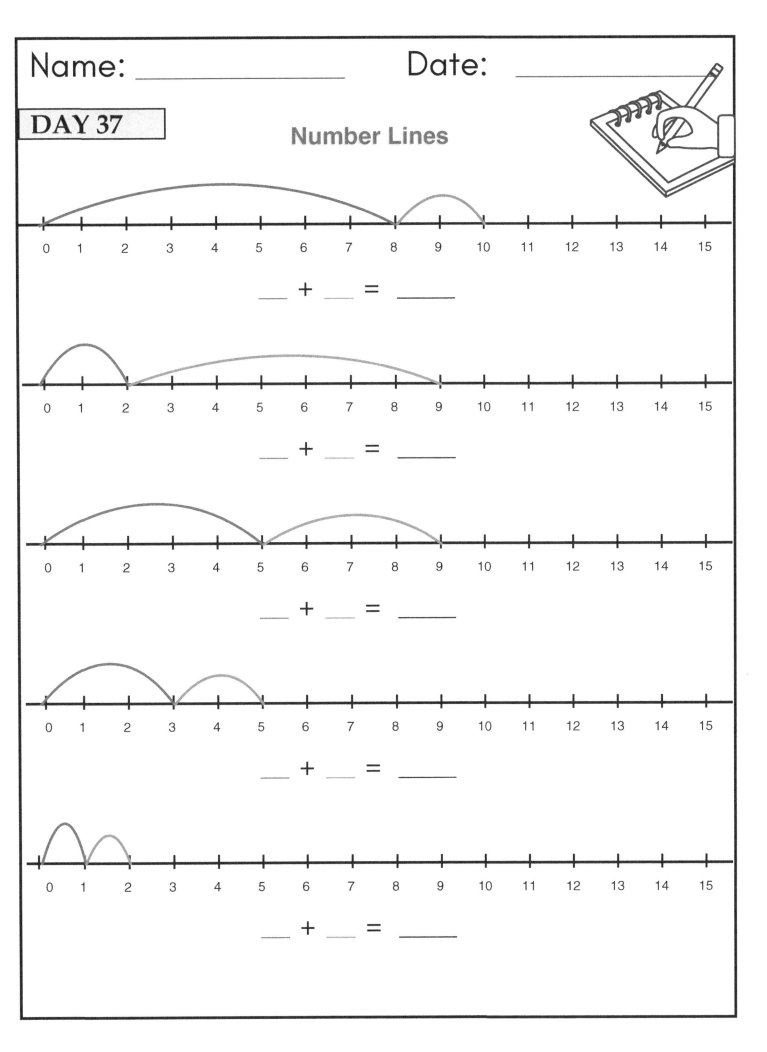

0 1 2 3 4 5 6 7 8 9 10 11 12 13 14 15

___ + ___ = _____

0 1 2 3 4 5 6 7 8 9 10 11 12 13 14 15

___ + ___ = _____

0 1 2 3 4 5 6 7 8 9 10 11 12 13 14 15

___ + ___ = _____

0 1 2 3 4 5 6 7 8 9 10 11 12 13 14 15

___ + ___ = _____

0 1 2 3 4 5 6 7 8 9 10 11 12 13 14 15

___ + ___ = _____

Name: _____ Date: _____

Number Lines

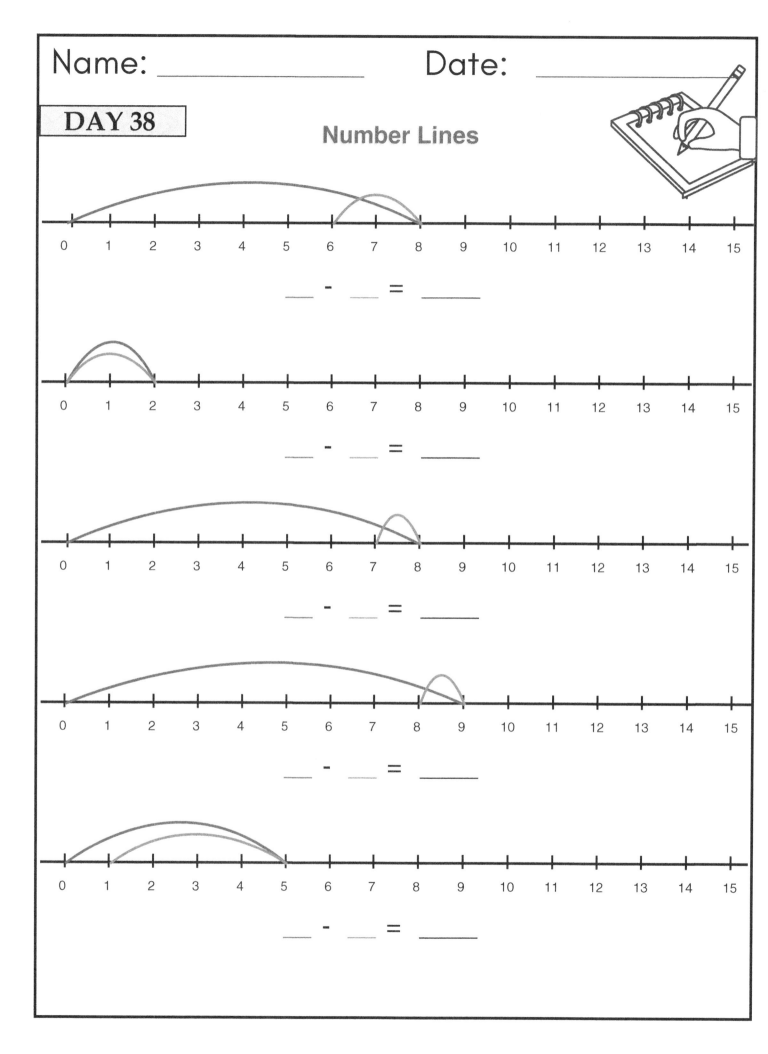

0 1 2 3 4 5 6 7 8 9 10 11 12 13 14 15

_____ - _____ = _____

0 1 2 3 4 5 6 7 8 9 10 11 12 13 14 15

_____ - _____ = _____

0 1 2 3 4 5 6 7 8 9 10 11 12 13 14 15

_____ - _____ = _____

0 1 2 3 4 5 6 7 8 9 10 11 12 13 14 15

_____ - _____ = _____

0 1 2 3 4 5 6 7 8 9 10 11 12 13 14 15

_____ - _____ = _____

DAY 39

Number Lines

```
+----+----+----+----+----+----+----+----+----+----+----+----+----+----+----+----+----+----+----+----+
-10  -9  -8  -7  -6  -5  -4  -3  -2  -1   0   1   2   3   4   5   6   7   8   9   10
```

$$8 + \text{-}7 = \underline{\quad\quad}$$

```
+----+----+----+----+----+----+----+----+----+----+----+----+----+----+----+----+----+----+----+----+
-10 -9  -8  -7  -6  -5  -4  -3  -2  -1   0   1   2   3   4   5   6   7   8   9   10
```

$$\text{-}10 + 8 = \underline{\quad\quad}$$

```
+----+----+----+----+----+----+----+----+----+----+----+----+----+----+----+----+----+----+----+----+
-10 -9  -8  -7  -6  -5  -4  -3  -2  -1   0   1   2   3   4   5   6   7   8   9   10
```

$$5 + 2 = \underline{\quad\quad}$$

```
+----+----+----+----+----+----+----+----+----+----+----+----+----+----+----+----+----+----+----+----+
-10 -9  -8  -7  -6  -5  -4  -3  -2  -1   0   1   2   3   4   5   6   7   8   9   10
```

$$\text{-}7 + 4 = \underline{\quad\quad}$$

```
+----+----+----+----+----+----+----+----+----+----+----+----+----+----+----+----+----+----+----+----+
-10 -9  -8  -7  -6  -5  -4  -3  -2  -1   0   1   2   3   4   5   6   7   8   9   10
```

$$2 + \text{-}6 = \underline{\quad\quad}$$

Name: _____   Date: _____

Number Lines

-10	-9	-8	-7	-6	-5	-4	-3	-2	-1	0	1	2	3	4	5	6	7	8	9	10

$$6 - 7 = \underline{}$$

-10	-9	-8	-7	-6	-5	-4	-3	-2	-1	0	1	2	3	4	5	6	7	8	9	10

$$10 - 1 = \underline{}$$

-10	-9	-8	-7	-6	-5	-4	-3	-2	-1	0	1	2	3	4	5	6	7	8	9	10

$$-5 - -2 = \underline{}$$

-10	-9	-8	-7	-6	-5	-4	-3	-2	-1	0	1	2	3	4	5	6	7	8	9	10

$$1 - 9 = \underline{}$$

-10	-9	-8	-7	-6	-5	-4	-3	-2	-1	0	1	2	3	4	5	6	7	8	9	10

$$7 - 1 = \underline{}$$

Name: _____ Date: _____

Number Lines

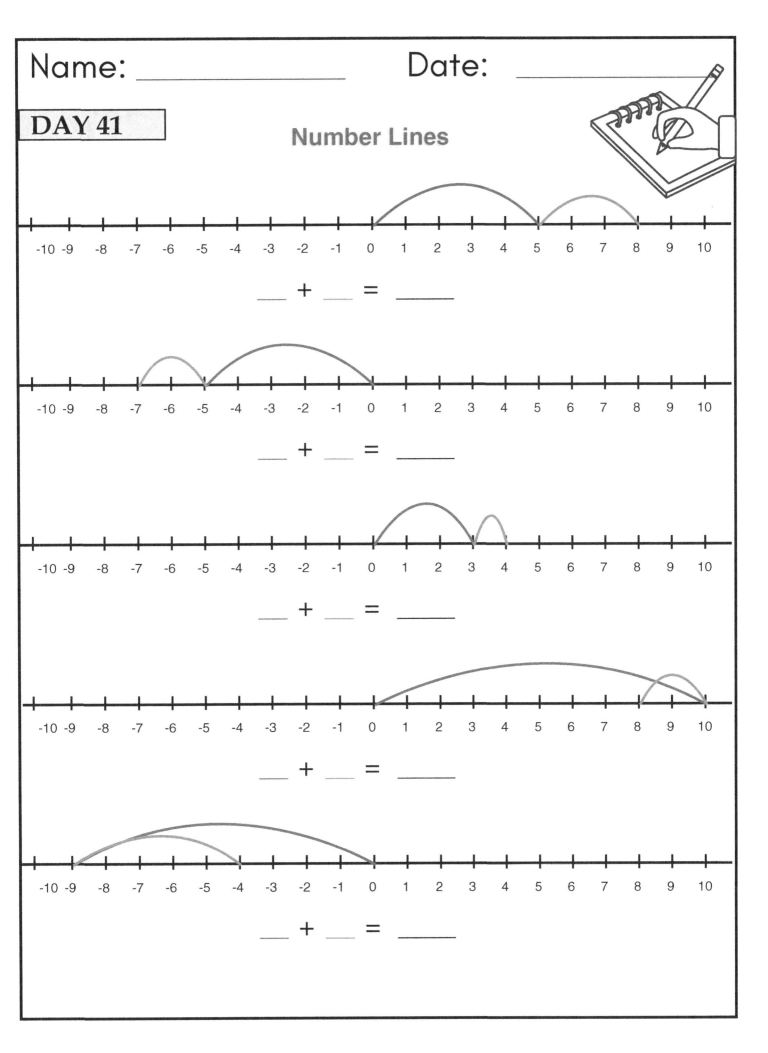

-10 -9 -8 -7 -6 -5 -4 -3 -2 -1 0 1 2 3 4 5 6 7 8 9 10

__ + __ = _____

-10 -9 -8 -7 -6 -5 -4 -3 -2 -1 0 1 2 3 4 5 6 7 8 9 10

__ + __ = _____

-10 -9 -8 -7 -6 -5 -4 -3 -2 -1 0 1 2 3 4 5 6 7 8 9 10

__ + __ = _____

-10 -9 -8 -7 -6 -5 -4 -3 -2 -1 0 1 2 3 4 5 6 7 8 9 10

__ + __ = _____

-10 -9 -8 -7 -6 -5 -4 -3 -2 -1 0 1 2 3 4 5 6 7 8 9 10

__ + __ = _____

Name: _____ Date: _____

Number Lines

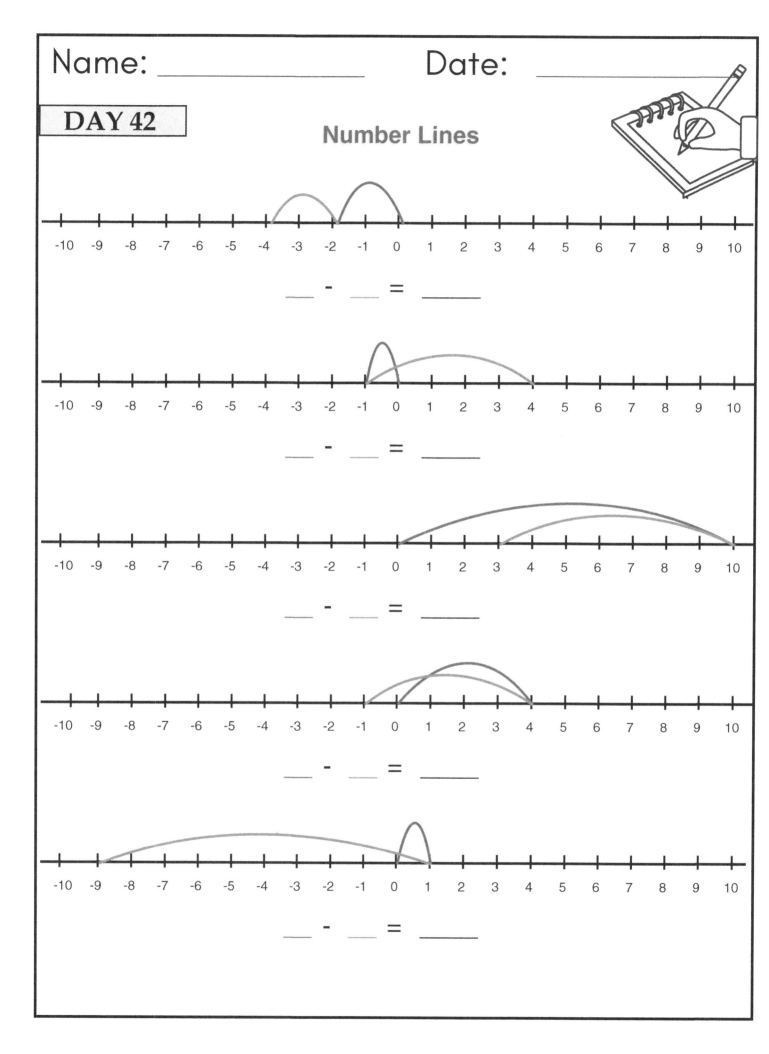

```
  +----+----+----+----+----+----+----+----+----+----+----+----+----+----+----+----+----+----+----+----+
 -10  -9   -8   -7   -6   -5   -4   -3   -2   -1    0    1    2    3    4    5    6    7    8    9   10
```

____ - ____ = _____

```
  +----+----+----+----+----+----+----+----+----+----+----+----+----+----+----+----+----+----+----+----+
 -10  -9   -8   -7   -6   -5   -4   -3   -2   -1    0    1    2    3    4    5    6    7    8    9   10
```

____ - ____ = _____

```
  +----+----+----+----+----+----+----+----+----+----+----+----+----+----+----+----+----+----+----+----+
 -10  -9   -8   -7   -6   -5   -4   -3   -2   -1    0    1    2    3    4    5    6    7    8    9   10
```

____ - ____ = _____

```
  +----+----+----+----+----+----+----+----+----+----+----+----+----+----+----+----+----+----+----+----+
 -10  -9   -8   -7   -6   -5   -4   -3   -2   -1    0    1    2    3    4    5    6    7    8    9   10
```

____ - ____ = _____

```
  +----+----+----+----+----+----+----+----+----+----+----+----+----+----+----+----+----+----+----+----+
 -10  -9   -8   -7   -6   -5   -4   -3   -2   -1    0    1    2    3    4    5    6    7    8    9   10
```

____ - ____ = _____

DAY 43

Number Lines

```
+----+----+----+----+----+----+----+----+----+----+----+----+----+----+----+----+----+----+----+----+
-10  -9   -8   -7   -6   -5   -4   -3   -2   -1   0    1    2    3    4    5    6    7    8    9    10
```

$$-3 + 9 = \underline{\quad}$$

```
+----+----+----+----+----+----+----+----+----+----+----+----+----+----+----+----+----+----+----+----+
-10  -9   -8   -7   -6   -5   -4   -3   -2   -1   0    1    2    3    4    5    6    7    8    9    10
```

$$6 + -3 = \underline{\quad}$$

```
+----+----+----+----+----+----+----+----+----+----+----+----+----+----+----+----+----+----+----+----+
-10  -9   -8   -7   -6   -5   -4   -3   -2   -1   0    1    2    3    4    5    6    7    8    9    10
```

$$2 + 7 = \underline{\quad}$$

```
+----+----+----+----+----+----+----+----+----+----+----+----+----+----+----+----+----+----+----+----+
-10  -9   -8   -7   -6   -5   -4   -3   -2   -1   0    1    2    3    4    5    6    7    8    9    10
```

$$-8 + -1 = \underline{\quad}$$

```
+----+----+----+----+----+----+----+----+----+----+----+----+----+----+----+----+----+----+----+----+
-10  -9   -8   -7   -6   -5   -4   -3   -2   -1   0    1    2    3    4    5    6    7    8    9    10
```

$$5 + -2 = \underline{\quad}$$

Name: _____   Date: _____

Number Lines

-10	-9	-8	-7	-6	-5	-4	-3	-2	-1	0	1	2	3	4	5	6	7	8	9	10

$$6 - 9 = \underline{\qquad}$$

-10	-9	-8	-7	-6	-5	-4	-3	-2	-1	0	1	2	3	4	5	6	7	8	9	10

$$3 - 6 = \underline{\qquad}$$

-10	-9	-8	-7	-6	-5	-4	-3	-2	-1	0	1	2	3	4	5	6	7	8	9	10

$$-10 - -8 = \underline{\qquad}$$

-10	-9	-8	-7	-6	-5	-4	-3	-2	-1	0	1	2	3	4	5	6	7	8	9	10

$$-7 - -6 = \underline{\qquad}$$

-10	-9	-8	-7	-6	-5	-4	-3	-2	-1	0	1	2	3	4	5	6	7	8	9	10

$$-8 - -6 = \underline{\qquad}$$

DAY 45

Number Lines

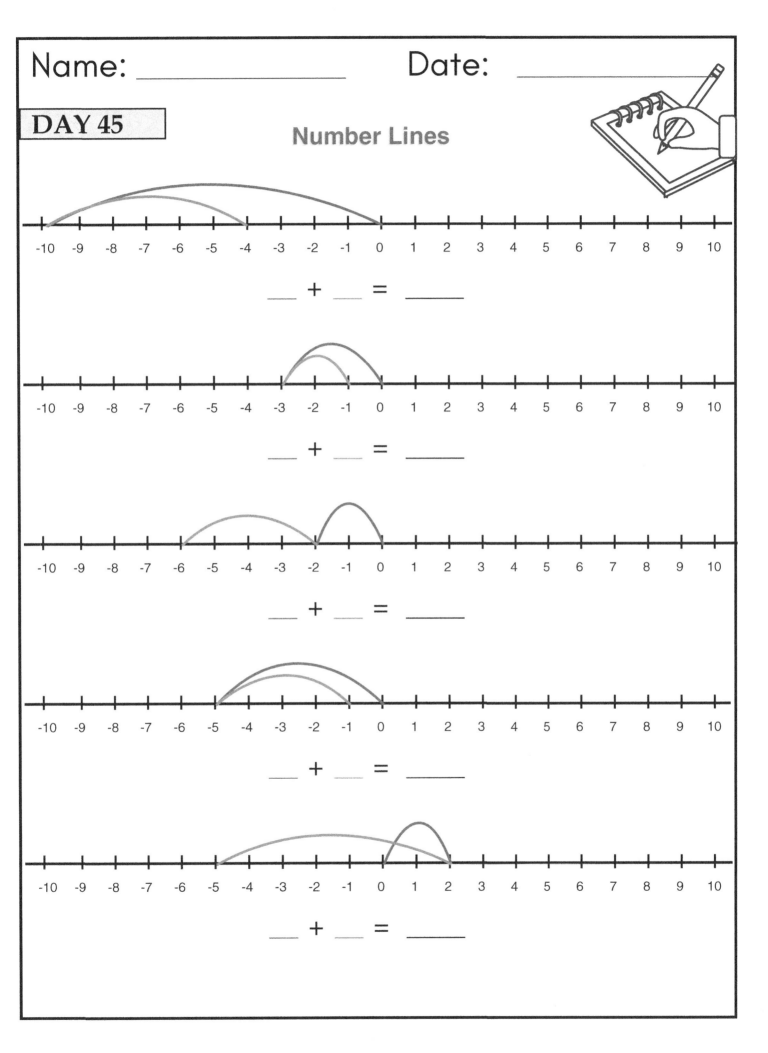

-10 -9 -8 -7 -6 -5 -4 -3 -2 -1 0 1 2 3 4 5 6 7 8 9 10

___ + ___ = _____

-10 -9 -8 -7 -6 -5 -4 -3 -2 -1 0 1 2 3 4 5 6 7 8 9 10

___ + ___ = _____

-10 -9 -8 -7 -6 -5 -4 -3 -2 -1 0 1 2 3 4 5 6 7 8 9 10

___ + ___ = _____

-10 -9 -8 -7 -6 -5 -4 -3 -2 -1 0 1 2 3 4 5 6 7 8 9 10

___ + ___ = _____

-10 -9 -8 -7 -6 -5 -4 -3 -2 -1 0 1 2 3 4 5 6 7 8 9 10

___ + ___ = _____

Name: _____ Date: _____

Number Lines

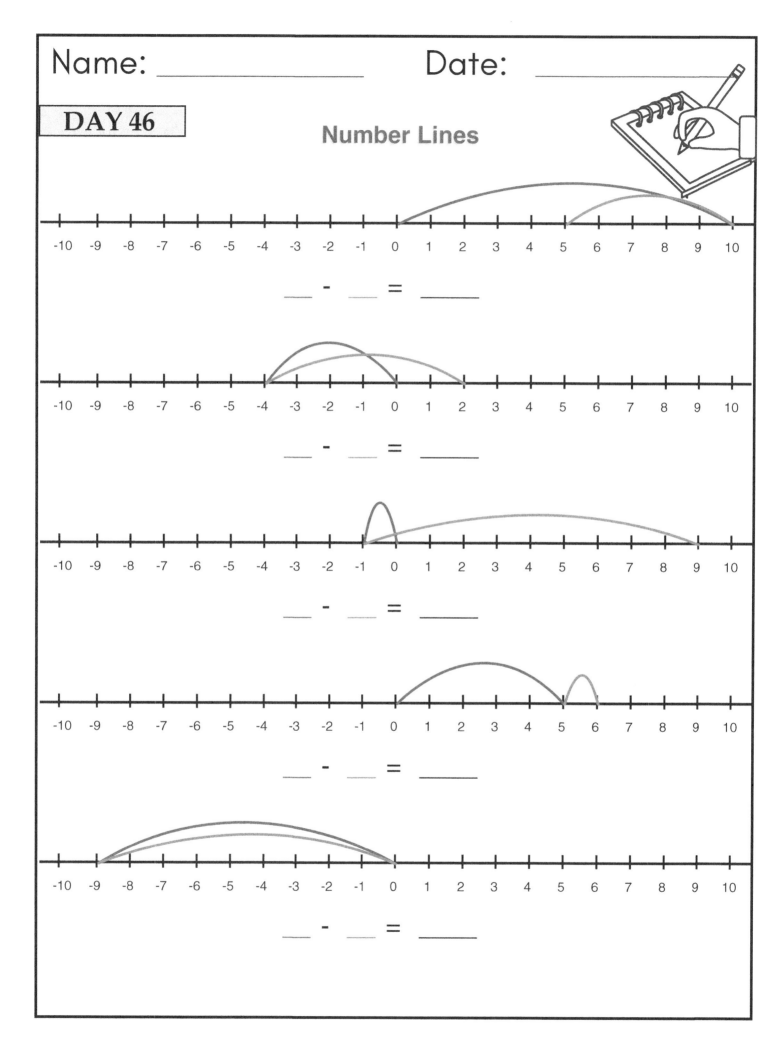

-10 -9 -8 -7 -6 -5 -4 -3 -2 -1 0 1 2 3 4 5 6 7 8 9 10

_____ - _____ = _____

-10 -9 -8 -7 -6 -5 -4 -3 -2 -1 0 1 2 3 4 5 6 7 8 9 10

_____ - _____ = _____

-10 -9 -8 -7 -6 -5 -4 -3 -2 -1 0 1 2 3 4 5 6 7 8 9 10

_____ - _____ = _____

-10 -9 -8 -7 -6 -5 -4 -3 -2 -1 0 1 2 3 4 5 6 7 8 9 10

_____ - _____ = _____

-10 -9 -8 -7 -6 -5 -4 -3 -2 -1 0 1 2 3 4 5 6 7 8 9 10

_____ - _____ = _____

Name: _____ Date: _____

Number Lines

```
+----+----+----+----+----+----+----+----+----+----+----+----+----+----+----+----+----+----+----+----+
-10  -9   -8   -7   -6   -5   -4   -3   -2   -1    0    1    2    3    4    5    6    7    8    9   10
```

$$6 + \text{-}6 = \underline{\quad}$$

```
+----+----+----+----+----+----+----+----+----+----+----+----+----+----+----+----+----+----+----+----+
-10  -9   -8   -7   -6   -5   -4   -3   -2   -1    0    1    2    3    4    5    6    7    8    9   10
```

$$\text{-}10 + 6 = \underline{\quad}$$

```
+----+----+----+----+----+----+----+----+----+----+----+----+----+----+----+----+----+----+----+----+
-10  -9   -8   -7   -6   -5   -4   -3   -2   -1    0    1    2    3    4    5    6    7    8    9   10
```

$$\text{-}2 + 7 = \underline{\quad}$$

```
+----+----+----+----+----+----+----+----+----+----+----+----+----+----+----+----+----+----+----+----+
-10  -9   -8   -7   -6   -5   -4   -3   -2   -1    0    1    2    3    4    5    6    7    8    9   10
```

$$\text{-}6 + 1 = \underline{\quad}$$

```
+----+----+----+----+----+----+----+----+----+----+----+----+----+----+----+----+----+----+----+----+
-10  -9   -8   -7   -6   -5   -4   -3   -2   -1    0    1    2    3    4    5    6    7    8    9   10
```

$$\text{-}1 + \text{-}5 = \underline{\quad}$$

Name: _____   Date: _____

Number Lines

```
+--+--+--+--+--+--+--+--+--+--+--+--+--+--+--+--+--+--+--+--+
-10 -9 -8 -7 -6 -5 -4 -3 -2 -1  0  1  2  3  4  5  6  7  8  9 10
```

-8 - -5 = _____

```
+--+--+--+--+--+--+--+--+--+--+--+--+--+--+--+--+--+--+--+--+
-10 -9 -8 -7 -6 -5 -4 -3 -2 -1  0  1  2  3  4  5  6  7  8  9 10
```

7 - 10 = _____

```
+--+--+--+--+--+--+--+--+--+--+--+--+--+--+--+--+--+--+--+--+
-10 -9 -8 -7 -6 -5 -4 -3 -2 -1  0  1  2  3  4  5  6  7  8  9 10
```

6 - 1 = _____

```
+--+--+--+--+--+--+--+--+--+--+--+--+--+--+--+--+--+--+--+--+
-10 -9 -8 -7 -6 -5 -4 -3 -2 -1  0  1  2  3  4  5  6  7  8  9 10
```

-1 - -6 = _____

```
+--+--+--+--+--+--+--+--+--+--+--+--+--+--+--+--+--+--+--+--+
-10 -9 -8 -7 -6 -5 -4 -3 -2 -1  0  1  2  3  4  5  6  7  8  9 10
```

-3 - -9 = _____

DAY 49

Number Lines

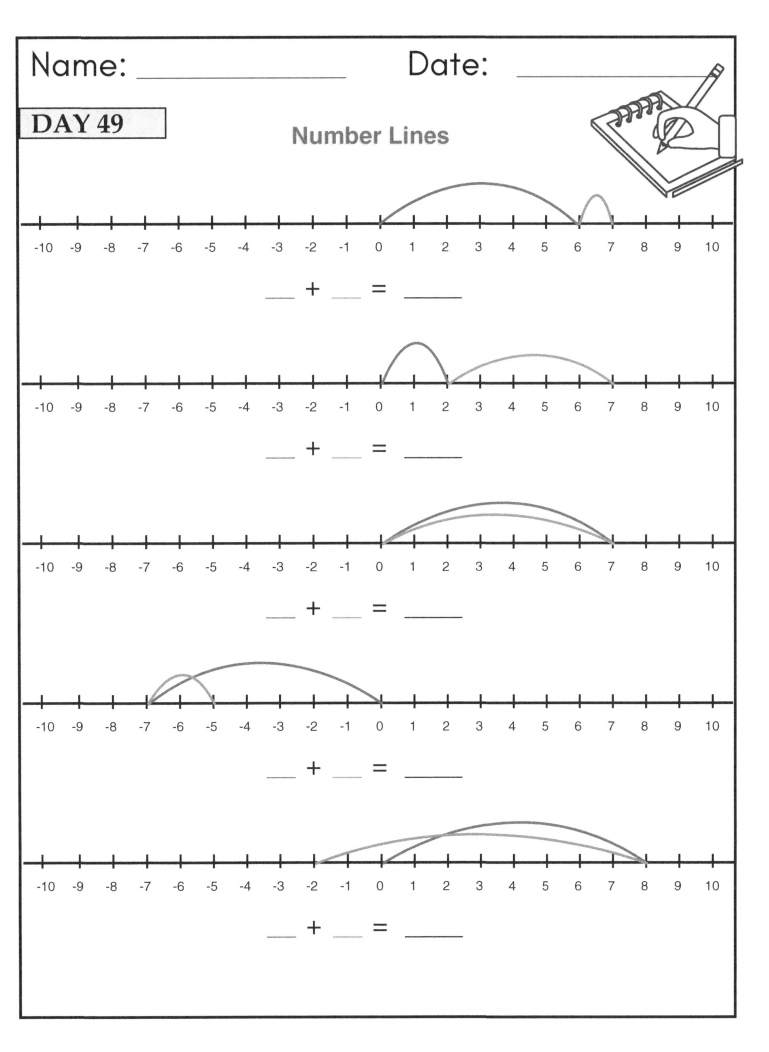

-10 -9 -8 -7 -6 -5 -4 -3 -2 -1 0 1 2 3 4 5 6 7 8 9 10

___ + ___ = _____

-10 -9 -8 -7 -6 -5 -4 -3 -2 -1 0 1 2 3 4 5 6 7 8 9 10

___ + ___ = _____

-10 -9 -8 -7 -6 -5 -4 -3 -2 -1 0 1 2 3 4 5 6 7 8 9 10

___ + ___ = _____

-10 -9 -8 -7 -6 -5 -4 -3 -2 -1 0 1 2 3 4 5 6 7 8 9 10

___ + ___ = _____

-10 -9 -8 -7 -6 -5 -4 -3 -2 -1 0 1 2 3 4 5 6 7 8 9 10

___ + ___ = _____

Name: _____ Date: _____

Number Lines

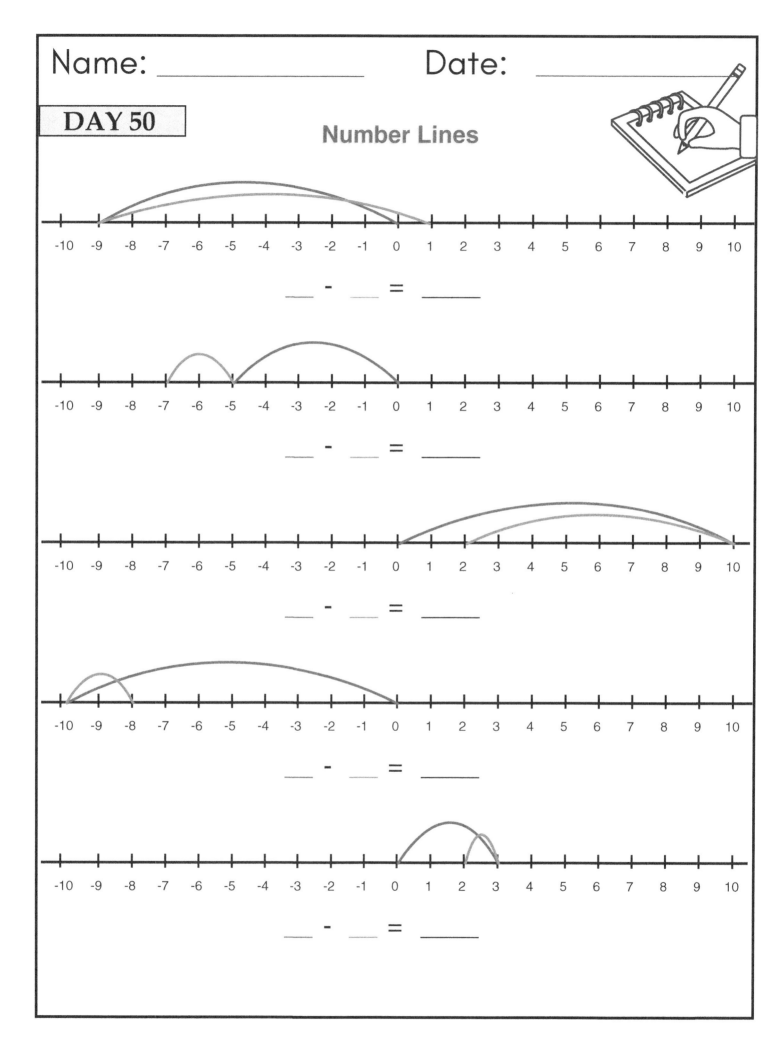

-10 -9 -8 -7 -6 -5 -4 -3 -2 -1 0 1 2 3 4 5 6 7 8 9 10

____ - ____ = _____

-10 -9 -8 -7 -6 -5 -4 -3 -2 -1 0 1 2 3 4 5 6 7 8 9 10

____ - ____ = _____

-10 -9 -8 -7 -6 -5 -4 -3 -2 -1 0 1 2 3 4 5 6 7 8 9 10

____ - ____ = _____

-10 -9 -8 -7 -6 -5 -4 -3 -2 -1 0 1 2 3 4 5 6 7 8 9 10

____ - ____ = _____

-10 -9 -8 -7 -6 -5 -4 -3 -2 -1 0 1 2 3 4 5 6 7 8 9 10

____ - ____ = _____

Name: _____   Date: _____

1) (0) + (-1) =

2) (-4) + (-97) =

3) (-34) + (-23) =

4) (+5) + (+29) =

5) (+21) + (+99) =

6) (+98) + (+91) =

7) (+29) + (-81) =

8) (+27) + (+25) =

9) (+97) + (-77) =

10) (-25) + (+93) =

11) (-59) + (-12) =

12) (+75) + (-30) =

13) (+65) + (-39) =

14) (+48) + (+87) =

15) (-25) + (+18) =

16) (-45) + (-62) =

17) (-63) + (-76) =

18) (-62) + (+94) =

19) (+7) + (-79) =

20) (+77) + (+16) =

21) (-98) + (+32) =

22) (+41) + (-76) =

23) (-14) + (-44) =

24) (+7) + (+21) =

25) (+47) + (-69) =

26) (-25) + (+42) =

27) (+54) + (+33) =

28) (-28) + (+1) =

29) (-67) + (-77) =

30) (-80) + (+99) =

Name: _____   Date: _____

1) (-97) - (+7) =

2) (-99) - (-94) =

3) (+9) - (+1) =

4) (-96) - (-30) =

5) (-38) - (+39) =

6) (0) - (-60) =

7) (+19) - (+45) =

8) (-71) - (-31) =

9) (-50) - (+84) =

10) (+42) - (+30) =

11) (+8) - (-50) =

12) (-80) - (+22) =

13) (+71) - (+99) =

14) (+31) - (-85) =

15) (+18) - (-8) =

16) (-90) - (-12) =

17) (-7) - (-33) =

18) (+58) - (+97) =

19) (-1) - (-40) =

20) (-87) - (+72) =

21) (+52) - (+95) =

22) (-68) - (-52) =

23) (+71) - (-99) =

24) (-89) - (+30) =

25) (+54) - (-33) =

26) (+58) - (+9) =

27) (-13) - (+99) =

28) (-5) - (-94) =

29) (+29) - (+95) =

30) (+7) - (-27) =

Name: _____   Date: _____

1) $(+48) + (-52) =$

2) $(+33) + (-21) =$

3) $(+55) + (-85) =$

4) $(+76) + (+2) =$

5) $(+67) + (-9) =$

6) $(-84) + (+6) =$

7) $(-11) + (+25) =$

8) $(-48) + (+28) =$

9) $(-15) + (-8) =$

10) $(-26) + (-4) =$

11) $(+26) + (+54) =$

12) $(+59) + (+3) =$

13) $(-56) + (+26) =$

14) $(-31) + (-7) =$

15) $(-87) + (-48) =$

16) $(+47) + (+92) =$

17) $(-83) + (-59) =$

18) $(-53) + (+94) =$

19) $(+25) + (-56) =$

20) $(+58) + (+61) =$

21) $(-38) + (-65) =$

22) $(-39) + (-94) =$

23) $(+76) + (-72) =$

24) $(+25) + (+3) =$

25) $(-92) + (+27) =$

26) $(+98) + (+65) =$

27) $(+95) + (-58) =$

28) $(-77) + (-97) =$

29) $(-56) + (+94) =$

30) $(+78) + (+61) =$

Name: _____   Date: _____

1) (+93) - (+80) =

2) (+58) - (+71) =

3) (+94) - (-50) =

4) (-75) - (+14) =

5) (+61) - (-29) =

6) (-51) - (-13) =

7) (+56) - (-55) =

8) (+19) - (-58) =

9) (-56) - (+9) =

10) (-52) - (-96) =

11) (-2) - (-18) =

12) (-45) - (-20) =

13) (+62) - (-1) =

14) (-25) - (+62) =

15) (-15) - (-55) =

16) (-39) - (+18) =

17) (-64) - (+13) =

18) (0) - (-61) =

19) (+69) - (+84) =

20) (+29) - (-46) =

21) (+31) - (+12) =

22) (-44) - (-17) =

23) (-81) - (+77) =

24) (-50) - (-98) =

25) (+28) - (+51) =

26) (-52) - (+96) =

27) (0) - (+28) =

28) (-13) - (-90) =

29) (+34) - (+40) =

30) (+27) - (+22) =

Name: _____   Date: _____

1) (+58) + (-47) =

2) (+38) + (-66) =

3) (-76) + (+2) =

4) (+6) + (+40) =

5) (-38) + (+90) =

6) (-31) + (-45) =

7) (+35) + (+13) =

8) (-61) + (0) =

9) (-14) + (-84) =

10) (-76) + (-87) =

11) (+84) + (+56) =

12) (+91) + (+24) =

13) (+86) + (+47) =

14) (+43) + (-4) =

15) (+56) + (-81) =

16) (+54) + (+34) =

17) (+73) + (-20) =

18) (-9) + (-91) =

19) (-19) + (-6) =

20) (+56) + (+5) =

21) (-56) + (-17) =

22) (+14) + (+22) =

23) (+4) + (-45) =

24) (-17) + (+69) =

25) (-73) + (-92) =

26) (-65) + (+56) =

27) (-81) + (+81) =

28) (-62) + (+47) =

29) (+41) + (-77) =

30) (-59) + (-28) =

Name: _____   Date: _____

1) (+31) - (+96) =

2) (+88) - (-15) =

3) (-29) - (+34) =

4) (+48) - (-2) =

5) (-95) - (+55) =

6) (+54) - (-58) =

7) (+72) - (+19) =

8) (+38) - (+24) =

9) (+37) - (-13) =

10) (-28) - (-15) =

11) (+75) - (-6) =

12) (-36) - (+22) =

13) (-92) - (-12) =

14) (+75) - (+8) =

15) (-76) - (-94) =

16) (-4) - (+99) =

17) (-81) - (-29) =

18) (+8) - (+62) =

19) (+16) - (-66) =

20) (-81) - (-71) =

21) (-39) - (+10) =

22) (-95) - (-61) =

23) (-5) - (+64) =

24) (-50) - (-95) =

25) (+93) - (+44) =

26) (-29) - (+33) =

27) (+34) - (+9) =

28) (+53) - (-24) =

29) (-71) - (-94) =

30) (+1) - (+14) =

Name: _____   Date: _____

1) (-65) + (-33) =

2) (+3) + (-74) =

3) (-2) + (+76) =

4) (+38) + (-15) =

5) (-57) + (+99) =

6) (+60) + (-49) =

7) (-78) + (+68) =

8) (-33) + (-96) =

9) (+98) + (+30) =

10) (-28) + (-66) =

11) (-42) + (-23) =

12) (-4) + (-69) =

13) (+63) + (+22) =

14) (-65) + (-69) =

15) (-13) + (+16) =

16) (+3) + (+22) =

17) (+70) + (-25) =

18) (-74) + (+15) =

19) (-24) + (-45) =

20) (+77) + (+5) =

21) (-34) + (+48) =

22) (+74) + (-30) =

23) (+58) + (+27) =

24) (-37) + (-96) =

25) (+71) + (+95) =

26) (+13) + (-82) =

27) (+45) + (+30) =

28) (-77) + (+1) =

29) (+39) + (+61) =

30) (+5) + (-33) =

DAY 58

1) (+45) - (-24) =

2) (+3) - (+60) =

3) (-19) - (+25) =

4) (-63) - (+55) =

5) (-78) - (-32) =

6) (-54) - (+48) =

7) (+20) - (+15) =

8) (-4) - (-93) =

9) (+90) - (+15) =

10) (+8) - (-21) =

11) (-17) - (+41) =

12) (+15) - (+91) =

13) (-7) - (+60) =

14) (+77) - (+76) =

15) (-45) - (-9) =

16) (+16) - (-61) =

17) (+16) - (-40) =

18) (+35) - (-55) =

19) (+79) - (-91) =

20) (+98) - (+50) =

21) (-1) - (-48) =

22) (+78) - (-96) =

23) (+80) - (+67) =

24) (-22) - (-20) =

25) (-78) - (+6) =

26) (-89) - (+38) =

27) (-50) - (-59) =

28) (-98) - (-12) =

29) (+23) - (+92) =

30) (-65) - (-70) =

Name: _____   Date: ____ ____

1) -64 + 49 =   2) 85 + -28 =

3) -13 + -73 =   4) -83 + -89 =

5) 9 + 34 =   6) 68 + -10 =

7) -22 + 46 =   8) 81 + 48 =

9) -41 + 14 =   10) 53 + 44 =

11) 90 + 46 =   12) -96 + -94 =

13) -22 + -42 =   14) -98 + -15 =

15) 6 + -1 =   16) -16 + 68 =

17) 86 + -89 =   18) 97 + -91 =

19) -24 + 92 =   20) -98 + -97 =

21) 21 + 16 =   22) 11 + -20 =

23) -95 + 75 =   24) 84 + 73 =

25) -42 + -99 =   26) -99 + -92 =

27) 13 + -94 =   28) 94 + 23 =

29) -63 + 93 =   30) 6 + 38 =

Name: _____   Date: _____

1) -55 - 63 =

2) -33 - -3 =

3) 69 - 56 =

4) 1 - 61 =

5) -26 - -38 =

6) -94 - -32 =

7) 40 - -63 =

8) 66 - -83 =

9) 80 - -60 =

10) 98 - 90 =

11) -69 - -27 =

12) 93 - 97 =

13) -59 - 27 =

14) -86 - -3 =

15) -24 - -10 =

16) 26 - 25 =

17) 98 - 31 =

18) 68 - 38 =

19) -95 - -78 =

20) -4 - 99 =

21) 23 - -94 =

22) 29 - 0 =

23) -23 - -15 =

24) -21 - 65 =

25) -77 - 96 =

26) -63 - 23 =

27) 50 - -34 =

28) 86 - 82 =

29) -59 - 50 =

30) 92 - -17 =

Name: _____   Date: _____

1)   -10 + 19 =

2)   12 + 65 =

3)   -82 + -24 =

4)   -86 + -46 =

5)   -33 + -16 =

6)   61 + 8 =

7)   12 + 77 =

8)   59 + -47 =

9)   10 + -31 =

10)   18 + 92 =

11)   34 + 90 =

12)   4 + 44 =

13)   64 + -37 =

14)   -22 + 55 =

15)   -53 + -54 =

16)   23 + -48 =

17)   -17 + -11 =

18)   -19 + 39 =

19)   50 + -6 =

20)   89 + -39 =

21)   0 + 94 =

22)   -49 + -37 =

23)   50 + 97 =

24)   -3 + -40 =

25)   -44 + -12 =

26)   3 + 76 =

27)   62 + -17 =

28)   -7 + 30 =

29)   -30 + 75 =

30)   -20 + 10 =

Name: _____   Date: _____

DAY 62

1) -99 - -57 =

2) 60 - -48 =

3) 91 - -79 =

4) 10 - -82 =

5) -55 - -71 =

6) 53 - -60 =

7) -68 - 97 =

8) 38 - 10 =

9) -36 - -26 =

10) 62 - 6 =

11) 59 - 27 =

12) 99 - -51 =

13) -99 - 54 =

14) -39 - 51 =

15) -28 - -89 =

16) 51 - -71 =

17) 54 - 64 =

18) 50 - 29 =

19) -92 - -27 =

20) 47 - 84 =

21) 54 - 90 =

22) -35 - 11 =

23) -41 - -29 =

24) -33 - 27 =

25) -14 - -44 =

26) 75 - -62 =

27) -84 - 69 =

28) -56 - 24 =

29) -43 - -8 =

30) 64 - 57 =

DAY 63

1) 86 + 21 =

2) 35 + 12 =

3) 72 + -90 =

4) 38 + -65 =

5) 81 + 62 =

6) 56 + 45 =

7) 0 + -91 =

8) -3 + 86 =

9) 99 + -88 =

10) 5 + 47 =

11) -94 + 85 =

12) -32 + -24 =

13) -59 + -61 =

14) -95 + -65 =

15) 19 + -87 =

16) 1 + -28 =

17) -17 + -29 =

18) -33 + 84 =

19) 80 + -77 =

20) -8 + 91 =

21) 85 + 43 =

22) 54 + 89 =

23) -23 + -2 =

24) -9 + -24 =

25) -97 + 4 =

26) -96 + -56 =

27) -94 + -25 =

28) 96 + 70 =

29) -13 + 76 =

30) -96 + 18 =

Name: _____   Date: _____

1) -3 - 92 =

2) 88 - -51 =

3) 37 - -49 =

4) 29 - -38 =

5) -26 - -51 =

6) 3 - 5 =

7) 77 - -73 =

8) -40 - -12 =

9) -42 - -31 =

10) -84 - -40 =

11) 96 - -48 =

12) 20 - -13 =

13) 27 - 46 =

14) -47 - -48 =

15) 48 - -81 =

16) -55 - 94 =

17) -23 - 15 =

18) -64 - 55 =

19) 4 - 48 =

20) -50 - 45 =

21) 50 - 10 =

22) -1 - 98 =

23) -30 - -41 =

24) 43 - 0 =

25) 4 - 49 =

26) 37 - 44 =

27) -27 - 69 =

28) -77 - -87 =

29) -15 - -87 =

30) 16 - 8 =

Name: _____   Date: _____

1) 85 + -31 =

2) 76 + -63 =

3) -3 + -16 =

4) -70 + 74 =

5) -4 + 5 =

6) 68 + -91 =

7) 89 + -67 =

8) -43 + -33 =

9) -67 + 58 =

10) 79 + 12 =

11) 99 + 25 =

12) -9 + -14 =

13) 25 + 0 =

14) -42 + -33 =

15) -69 + 37 =

16) 47 + 20 =

17) 4 + 80 =

18) -8 + -88 =

19) -64 + -31 =

20) 27 + 88 =

21) -98 + -9 =

22) -40 + -80 =

23) 11 + -74 =

24) -58 + 85 =

25) -30 + 0 =

26) -51 + 36 =

27) 93 + -56 =

28) 69 + 42 =

29) 31 + -76 =

30) 57 + 46 =

Name: _____   Date: _____

1) 21 - -96 =

2) -7 - -28 =

3) 17 - 98 =

4) -16 - -99 =

5) -43 - -16 =

6) -23 - 66 =

7) 42 - -11 =

8) 12 - 37 =

9) 62 - 53 =

10) 46 - -43 =

11) -70 - 21 =

12) -59 - 24 =

13) 85 - 3 =

14) -77 - 65 =

15) -43 - -23 =

16) -74 - -58 =

17) 84 - -90 =

18) -68 - -78 =

19) -40 - 85 =

20) 46 - -13 =

21) 35 - 81 =

22) -79 - 2 =

23) -55 - -55 =

24) -66 - 98 =

25) 18 - 34 =

26) 3 - 14 =

27) 58 - 35 =

28) 6 - -76 =

29) 93 - -57 =

30) -30 - -30 =

Name: _____   Date: _____

1) 74 + -5 =

2) 14 + -21 =

3) -79 + 34 =

4) -1 + 96 =

5) 72 + 52 =

6) 69 + 37 =

7) -9 + 77 =

8) 41 + 56 =

9) 97 + 65 =

10) 78 + -90 =

11) -76 + -33 =

12) 49 + 11 =

13) 64 + -5 =

14) 9 + -7 =

15) 44 + 42 =

16) 17 + -41 =

17) 80 + 83 =

18) -55 + 8 =

19) -30 + -68 =

20) -44 + -84 =

21) -48 + -66 =

22) -98 + 33 =

23) -29 + -88 =

24) 45 + -60 =

25) -99 + -97 =

26) -96 + 68 =

27) -78 + -89 =

28) 78 + 12 =

29) -38 + -45 =

30) -62 + 17 =

Name: _____   Date: _____

1)   -29 - 4 =

2)   84 - 33 =

3)   93 - 25 =

4)   -96 - 74 =

5)   22 - 60 =

6)   -24 - 78 =

7)   88 - -62 =

8)   -76 - -22 =

9)   -44 - -40 =

10)   -99 - -50 =

11)   58 - -72 =

12)   -13 - 36 =

13)   -26 - -48 =

14)   90 - -60 =

15)   41 - -15 =

16)   34 - -35 =

17)   -95 - 75 =

18)   -81 - 9 =

19)   -83 - -19 =

20)   -61 - -74 =

21)   -80 - -43 =

22)   88 - -44 =

23)   -53 - 45 =

24)   73 - 31 =

25)   4 - 30 =

26)   75 - 80 =

27)   52 - 25 =

28)   47 - 86 =

29)   81 - -5 =

30)   -55 - -60 =

DAY 69

1) $-51 + 96 =$

2) $66 + -42 =$

3) $94 + 64 =$

4) $41 + -78 =$

5) $-60 + -94 =$

6) $-47 + -70 =$

7) $-14 + -53 =$

8) $-26 + 83 =$

9) $31 + -60 =$

10) $63 + 58 =$

11) $-44 + -82 =$

12) $-61 + 84 =$

13) $76 + -86 =$

14) $57 + -70 =$

15) $91 + 63 =$

16) $58 + -20 =$

17) $76 + 28 =$

18) $1 + -78 =$

19) $97 + 27 =$

20) $-84 + -30 =$

21) $-36 + 44 =$

22) $-38 + -64 =$

23) $-15 + 73 =$

24) $35 + 87 =$

25) $-66 + 8 =$

26) $26 + 84 =$

27) $-93 + -15 =$

28) $7 + 18 =$

29) $-26 + 47 =$

30) $-46 + -69 =$

Name: _____

Date: _____

DAY 70

1) 69 - 82 =

2) 66 - -92 =

3) 92 - -96 =

4) -82 - -20 =

5) 54 - 43 =

6) 13 - -74 =

7) -99 - -90 =

8) -68 - 69 =

9) -57 - 29 =

10) -4 - -81 =

11) -29 - 86 =

12) -94 - 63 =

13) -31 - 88 =

14) 61 - 96 =

15) -87 - 42 =

16) -37 - 18 =

17) 67 - 36 =

18) 81 - -91 =

19) 42 - 95 =

20) -99 - -18 =

21) -46 - -21 =

22) -77 - -18 =

23) 22 - 63 =

24) 94 - 67 =

25) 41 - -16 =

26) 66 - -12 =

27) -50 - -95 =

28) 90 - 67 =

29) 53 - -81 =

30) -73 - -84 =

Name: _____   Date: _____

DAY 71

1) (+58) x (+79) =

2) (+14) x (+24) =

3) (+45) x (+52) =

4) (0) x (-55) =

5) (+69) x (+59) =

6) (-70) x (+87) =

7) (+77) x (-2) =

8) (-45) x (-4) =

9) (-90) x (-4) =

10) (-88) x (+41) =

11) (+16) x (-19) =

12) (+62) x (+16) =

13) (-24) x (+5) =

14) (+23) x (+85) =

15) (+79) x (+69) =

16) (+11) x (+20) =

17) (-96) x (-28) =

18) (-43) x (-16) =

19) (+6) x (+91) =

20) (-15) x (+77) =

21) (-9) x (-26) =

22) (+78) x (+88) =

23) (+1) x (+8) =

24) (+60) x (-97) =

25) (+96) x (-31) =

26) (+83) x (+5) =

27) (+19) x (0) =

28) (+95) x (+6) =

29) (-69) x (+18) =

30) (+94) x (+45) =

Name: _____   Date: _____

1) (-1710) ÷ (-19) =

2) (-21) ÷ (+3) =

3) (+1273) ÷ (+67) =

4) (-3136) ÷ (+49) =

5) (+688) ÷ (+8) =

6) (+4224) ÷ (+88) =

7) (-2408) ÷ (-56) =

8) (+1575) ÷ (+25) =

9) (+630) ÷ (-14) =

10) (+1450) ÷ (-29) =

11) (+7575) ÷ (+101) =

12) (+432) ÷ (-36) =

13) (-2790) ÷ (+62) =

14) (+396) ÷ (+4) =

15) (+5070) ÷ (+65) =

16) (-165) ÷ (+15) =

17) (+2808) ÷ (-54) =

18) (+882) ÷ (+21) =

19) (+2394) ÷ (+38) =

20) (+595) ÷ (-17) =

21) (+776) ÷ (+97) =

22) (+5922) ÷ (+94) =

23) (+5478) ÷ (-83) =

24) (+3360) ÷ (+60) =

25) (+2254) ÷ (+23) =

26) (+4488) ÷ (+66) =

27) (-1056) ÷ (+22) =

28) (+1440) ÷ (+20) =

29) (+2480) ÷ (+80) =

30) (+3672) ÷ (+51) =

Name: _____   Date: _____

1) (+39) x (0) =

2) (+36) x (-43) =

3) (-83) x (+69) =

4) (+70) x (+41) =

5) (-40) x (+3) =

6) (+69) x (+24) =

7) (+93) x (-49) =

8) (-4) x (+60) =

9) (+82) x (-90) =

10) (-97) x (+18) =

11) (+13) x (-47) =

12) (-68) x (+57) =

13) (+96) x (0) =

14) (-46) x (+2) =

15) (+78) x (-19) =

16) (-51) x (+95) =

17) (+57) x (-67) =

18) (-11) x (+5) =

19) (-46) x (+81) =

20) (-41) x (-99) =

21) (+88) x (+73) =

22) (+57) x (+13) =

23) (+82) x (+76) =

24) (+70) x (+18) =

25) (-62) x (-95) =

26) (+36) x (+15) =

27) (+97) x (-92) =

28) (+67) x (+47) =

29) (+6) x (-18) =

30) (+86) x (+75) =

Name: _____   Date: _____

1) (-3763) ÷ (-71) =

2) (-2940) ÷ (-49) =

3) (-352) ÷ (-11) =

4) (-7350) ÷ (+98) =

5) (-5040) ÷ (-63) =

6) (-3234) ÷ (+66) =

7) (+1617) ÷ (+77) =

8) (+1200) ÷ (+25) =

9) (+105) ÷ (-3) =

10) (-1088) ÷ (+64) =

11) (-6039) ÷ (-99) =

12) (+7760) ÷ (+80) =

13) (-3552) ÷ (-37) =

14) (+1602) ÷ (+18) =

15) (-4920) ÷ (+82) =

16) (-3465) ÷ (-63) =

17) (+918) ÷ (+34) =

18) (-3034) ÷ (-74) =

19) (+360) ÷ (+5) =

20) (+1025) ÷ (+41) =

21) (+540) ÷ (+10) =

22) (+2430) ÷ (+30) =

23) (-4020) ÷ (+60) =

24) (-8514) ÷ (+86) =

25) (+2250) ÷ (+50) =

26) (+1855) ÷ (+53) =

27) (+1656) ÷ (+46) =

28) (-6552) ÷ (+72) =

29) (+8428) ÷ (+98) =

30) (+780) ÷ (+30) =

Name: _____   Date: _____

1) (-22) x (-96) =

2) (+9) x (+77) =

3) (-62) x (+72) =

4) (+34) x (+18) =

5) (+8) x (-74) =

6) (+65) x (+22) =

7) (-28) x (+41) =

8) (-81) x (-23) =

9) (-59) x (-22) =

10) (+86) x (+89) =

11) (-33) x (+56) =

12) (-43) x (+88) =

13) (-80) x (-39) =

14) (+59) x (-89) =

15) (+28) x (+79) =

16) (-6) x (+28) =

17) (+40) x (+4) =

18) (+59) x (+10) =

19) (-92) x (-5) =

20) (-64) x (+34) =

21) (+60) x (-1) =

22) (-24) x (+5) =

23) (+4) x (0) =

24) (+34) x (+10) =

25) (+82) x (-48) =

26) (-49) x (-4) =

27) (+49) x (+96) =

28) (-88) x (+75) =

29) (+55) x (+75) =

30) (-57) x (+65) =

Name: _____ Date: _____

1) $(+240) \div (+24) =$

2) $(+1452) \div (+33) =$

3) $(+1064) \div (+28) =$

4) $(-564) \div (+47) =$

5) $(-1140) \div (+19) =$

6) $(-520) \div (+52) =$

7) $(+195) \div (-65) =$

8) $(-275) \div (+11) =$

9) $(+1802) \div (+34) =$

10) $(-5320) \div (-76) =$

11) $(+4352) \div (+68) =$

12) $(-2263) \div (+73) =$

13) $(+9595) \div (-95) =$

14) $(-231) \div (-77) =$

15) $(+913) \div (+83) =$

16) $(+2112) \div (+96) =$

17) $(+430) \div (+86) =$

18) $(+2700) \div (+45) =$

19) $(+930) \div (+93) =$

20) $(+264) \div (+88) =$

21) $(+2457) \div (+27) =$

22) $(+2300) \div (+25) =$

23) $(+168) \div (-7) =$

24) $(+5610) \div (+85) =$

25) $(+1380) \div (-46) =$

26) $(+7470) \div (+83) =$

27) $(+420) \div (+6) =$

28) $(-384) \div (-6) =$

29) $(+1292) \div (+19) =$

30) $(-27) \div (-3) =$

Name: _____   Date: _____

DAY 77

1) (+77) x (+62) =

2) (-62) x (-41) =

3) (+45) x (-21) =

4) (-74) x (-45) =

5) (-59) x (+54) =

6) (+14) x (-40) =

7) (+34) x (+67) =

8) (-14) x (-63) =

9) (+41) x (+99) =

10) (-76) x (-49) =

11) (+28) x (+13) =

12) (+75) x (+67) =

13) (-65) x (-97) =

14) (+31) x (+23) =

15) (+83) x (+80) =

16) (+48) x (-42) =

17) (+5) x (-23) =

18) (+94) x (+22) =

19) (+15) x (+77) =

20) (+38) x (+32) =

21) (+82) x (-79) =

22) (+21) x (+21) =

23) (+95) x (+72) =

24) (+14) x (+16) =

25) (+55) x (+45) =

26) (+21) x (-52) =

27) (-79) x (+4) =

28) (-57) x (-20) =

29) (+28) x (+86) =

30) (+56) x (+75) =

Name: _____   Date: _____

1) (+240) ÷ (+24) =

2) (+1452) ÷ (+33) =

3) (+1064) ÷ (+28) =

4) (-564) ÷ (+47) =

5) (-1140) ÷ (+19) =

6) (-520) ÷ (+52) =

7) (+195) ÷ (-65) =

8) (-275) ÷ (+11) =

9) (+1802) ÷ (+34) =

10) (-5320) ÷ (-76) =

11) (+4352) ÷ (+68) =

12) (-2263) ÷ (+73) =

13) (+9595) ÷ (-95) =

14) (-231) ÷ (-77) =

15) (+913) ÷ (+83) =

16) (+2112) ÷ (+96) =

17) (+430) ÷ (+86) =

18) (+2700) ÷ (+45) =

19) (+930) ÷ (+93) =

20) (+264) ÷ (+88) =

21) (+2457) ÷ (+27) =

22) (+2300) ÷ (+25) =

23) (+168) ÷ (-7) =

24) (+5610) ÷ (+85) =

25) (+1380) ÷ (-46) =

26) (+7470) ÷ (+83) =

27) (+420) ÷ (+6) =

28) (-384) ÷ (-6) =

29) (+1292) ÷ (+19) =

30) (-27) ÷ (-3) =

DAY 79

1) (+15) x (+25) =

2) (+68) x (+17) =

3) (-22) x (+59) =

4) (-75) x (-30) =

5) (-65) x (+77) =

6) (-15) x (+80) =

7) (+99) x (-29) =

8) (+53) x (+10) =

9) (-61) x (-11) =

10) (-42) x (+75) =

11) (-32) x (+61) =

12) (-63) x (+98) =

13) (-18) x (-94) =

14) (-65) x (+12) =

15) (+79) x (+76) =

16) (-90) x (+21) =

17) (-50) x (-97) =

18) (+62) x (+40) =

19) (+39) x (+34) =

20) (-69) x (-18) =

21) (-5) x (-79) =

22) (+94) x (+89) =

23) (+66) x (+17) =

24) (+58) x (+37) =

25) (+90) x (-51) =

26) (+47) x (+30) =

27) (+30) x (+77) =

28) (+14) x (+74) =

29) (+97) x (+24) =

30) (-62) x (-77) =

DAY 80

1) $(+1344) \div (+96) =$

2) $(-395) \div (+5) =$

3) $(-1606) \div (-22) =$

4) $(+1045) \div (+11) =$

5) $(+2760) \div (+60) =$

6) $(-3160) \div (-40) =$

7) $(-1909) \div (+83) =$

8) $(+544) \div (+8) =$

9) $(+3224) \div (-62) =$

10) $(+608) \div (+16) =$

11) $(+3348) \div (+36) =$

12) $(+833) \div (+49) =$

13) $(+3397) \div (+79) =$

14) $(-1368) \div (-38) =$

15) $(-2703) \div (+51) =$

16) $(-1364) \div (+62) =$

17) $(-9400) \div (+100) =$

18) $(+24) \div (+2) =$

19) $(+600) \div (+12) =$

20) $(+900) \div (+10) =$

21) $(-1829) \div (-59) =$

22) $(-3330) \div (+74) =$

23) $(+5200) \div (+65) =$

24) $(-2464) \div (-32) =$

25) $(-108) \div (+54) =$

26) $(+480) \div (-12) =$

27) $(+644) \div (+7) =$

28) $(+656) \div (+41) =$

29) $(+1961) \div (+37) =$

30) $(-104) \div (+13) =$

DAY 81

1) -32 x 91 =

2) 73 x -72 =

3) 2 x 67 =

4) 51 x 56 =

5) -1 x 58 =

6) 71 x 78 =

7) -26 x 68 =

8) -50 x 27 =

9) 30 x 88 =

10) 31 x 24 =

11) 39 x 78 =

12) -40 x -18 =

13) 7 x 97 =

14) -42 x 72 =

15) 5 x 61 =

16) 78 x 62 =

17) 10 x 12 =

18) -75 x 60 =

19) -72 x -71 =

20) 39 x -92 =

21) 51 x 56 =

22) -6 x 35 =

23) 93 x 50 =

24) 94 x -26 =

25) 91 x -16 =

26) -53 x 24 =

27) 80 x 62 =

28) -79 x 18 =

29) 76 x 80 =

30) 12 x 25 =

Name: _____   Date: _____

1) -2394 ÷ 57 =

2) 1092 ÷ 21 =

3) 1728 ÷ 36 =

4) -130 ÷ -5 =

5) -585 ÷ 13 =

6) 5828 ÷ 62 =

7) 355 ÷ 5 =

8) -250 ÷ -5 =

9) 8245 ÷ 97 =

10) -2106 ÷ 78 =

11) 5934 ÷ 69 =

12) 1600 ÷ 25 =

13) 2940 ÷ 30 =

14) 78 ÷ 3 =

15) -1590 ÷ 30 =

16) -3422 ÷ 59 =

17) 416 ÷ -26 =

18) 2204 ÷ 38 =

19) -3731 ÷ -91 =

20) 1539 ÷ 19 =

21) 1400 ÷ -28 =

22) 2280 ÷ -40 =

23) -9310 ÷ -95 =

24) 4712 ÷ -76 =

25) 1360 ÷ 20 =

26) 702 ÷ 39 =

27) 1003 ÷ 17 =

28) -1961 ÷ -53 =

29) 1608 ÷ -24 =

30) 5904 ÷ 82 =

Name: _____ Date: _____

1) 59 x 27 =

2) 22 x 71 =

3) 30 x 24 =

4) 88 x -29 =

5) -4 x -27 =

6) 41 x -73 =

7) 52 x -55 =

8) -99 x 1 =

9) 21 x 32 =

10) 52 x 39 =

11) 29 x 6 =

12) -48 x -30 =

13) 12 x 27 =

14) 12 x 35 =

15) -38 x 88 =

16) 70 x -71 =

17) 47 x 93 =

18) 67 x -65 =

19) 83 x 45 =

20) -93 x -99 =

21) 33 x 10 =

22) 99 x 28 =

23) -30 x 72 =

24) 33 x 25 =

25) 53 x -48 =

26) 94 x 15 =

27) 99 x 84 =

28) -93 x -70 =

29) 24 x -40 =

30) -97 x -24 =

DAY 84

1) $-3320 \div -40 =$

2) $-341 \div -11 =$

3) $3362 \div 41 =$

4) $1000 \div 20 =$

5) $232 \div 4 =$

6) $5246 \div 86 =$

7) $5760 \div 80 =$

8) $3068 \div 52 =$

9) $1764 \div 28 =$

10) $2064 \div 24 =$

11) $-213 \div 3 =$

12) $5170 \div 55 =$

13) $7304 \div 83 =$

14) $4400 \div 44 =$

15) $1500 \div -30 =$

16) $-380 \div -20 =$

17) $1134 \div 54 =$

18) $3240 \div 40 =$

19) $4745 \div 73 =$

20) $544 \div 34 =$

21) $1638 \div 21 =$

22) $-150 \div 15 =$

23) $1971 \div 27 =$

24) $4307 \div -73 =$

25) $672 \div 24 =$

26) $676 \div 52 =$

27) $-1488 \div 16 =$

28) $4512 \div -48 =$

29) $220 \div 10 =$

30) $-637 \div 7 =$

DAY 85

1) $-68 \times 25 =$

2) $38 \times 88 =$

3) $47 \times 94 =$

4) $92 \times -60 =$

5) $85 \times 79 =$

6) $-1 \times 47 =$

7) $-47 \times -79 =$

8) $98 \times 3 =$

9) $86 \times 59 =$

10) $-86 \times -62 =$

11) $-50 \times 35 =$

12) $-4 \times -53 =$

13) $-63 \times -44 =$

14) $45 \times -65 =$

15) $-6 \times -98 =$

16) $94 \times -54 =$

17) $28 \times 3 =$

18) $-1 \times -7 =$

19) $1 \times 99 =$

20) $78 \times -14 =$

21) $92 \times 29 =$

22) $12 \times -40 =$

23) $20 \times 3 =$

24) $-24 \times 47 =$

25) $45 \times 57 =$

26) $71 \times 35 =$

27) $54 \times -11 =$

28) $75 \times -65 =$

29) $29 \times 55 =$

30) $-75 \times 28 =$

Name: _____   **Date:** _____

1) $-2300 \div -92 =$

2) $6076 \div -62 =$

3) $-2210 \div -85 =$

4) $1320 \div 24 =$

5) $-7650 \div 90 =$

6) $5586 \div 98 =$

7) $169 \div 13 =$

8) $-120 \div -3 =$

9) $495 \div 15 =$

10) $228 \div 76 =$

11) $125 \div 5 =$

12) $392 \div 14 =$

13) $-5049 \div -51 =$

14) $-105 \div -7 =$

15) $-336 \div 48 =$

16) $7298 \div -82 =$

17) $-4290 \div 78 =$

18) $2886 \div -37 =$

19) $-5046 \div 58 =$

20) $3485 \div 41 =$

21) $-2900 \div -58 =$

22) $166 \div 83 =$

23) $-6097 \div 67 =$

24) $1034 \div 22 =$

25) $-108 \div -3 =$

26) $-204 \div 3 =$

27) $-584 \div -73 =$

28) $-184 \div -4 =$

29) $1034 \div -11 =$

30) $4611 \div 87 =$

Name: _____

Date: _____

DAY 87

1) 6 x -56 =

2) 61 x 37 =

3) 51 x -50 =

4) 18 x 66 =

5) -54 x 65 =

6) -64 x 15 =

7) 55 x 52 =

8) -2 x 66 =

9) 26 x 45 =

10) -19 x 81 =

11) 40 x 34 =

12) -67 x -55 =

13) 28 x 18 =

14) 96 x -15 =

15) 8 x -66 =

16) 10 x 80 =

17) 82 x 5 =

18) 54 x -50 =

19) 40 x 70 =

20) -27 x 34 =

21) -5 x 55 =

22) 9 x 51 =

23) 58 x 65 =

24) 39 x 98 =

25) 88 x 71 =

26) -30 x 34 =

27) 43 x 57 =

28) -15 x -37 =

29) 68 x 94 =

30) 13 x 17 =

Name: _____   Date: _____

1) -1156 ÷ 68 =

2) 2444 ÷ -47 =

3) 134 ÷ 2 =

4) 475 ÷ 5 =

5) -594 ÷ 99 =

6) -228 ÷ -76 =

7) 1890 ÷ -42 =

8) 2170 ÷ 70 =

9) -1326 ÷ 34 =

10) -2030 ÷ 35 =

11) -6156 ÷ 76 =

12) 2700 ÷ 60 =

13) 3744 ÷ 39 =

14) 2552 ÷ 44 =

15) 300 ÷ 25 =

16) -35 ÷ -7 =

17) 5472 ÷ 72 =

18) 473 ÷ -43 =

19) -88 ÷ 8 =

20) -72 ÷ 6 =

21) -960 ÷ 12 =

22) 4620 ÷ 70 =

23) 4080 ÷ 80 =

24) -1062 ÷ 59 =

25) -6806 ÷ -82 =

26) 8400 ÷ -84 =

27) -286 ÷ 26 =

28) 3752 ÷ 67 =

29) -555 ÷ 37 =

30) -800 ÷ -8 =

Name: _____   Date: _____

DAY 89

1) -79 x 55 =

2) 18 x -75 =

3) 26 x 76 =

4) -6 x 52 =

5) 40 x -49 =

6) 21 x -28 =

7) 72 x -58 =

8) 71 x 73 =

9) 87 x 73 =

10) 77 x 10 =

11) -3 x 87 =

12) -80 x 97 =

13) 31 x 79 =

14) 24 x 94 =

15) 31 x -84 =

16) -96 x 0 =

17) -43 x 43 =

18) 15 x 63 =

19) -60 x 13 =

20) 74 x 28 =

21) 67 x -22 =

22) -19 x -15 =

23) 74 x 46 =

24) 9 x -59 =

25) -17 x 4 =

26) 34 x 10 =

27) 72 x 85 =

28) -89 x 25 =

29) 80 x 16 =

30) 94 x 40 =

Name: _____   Date: _____

1) $-4104 \div -57 =$

2) $-5840 \div 73 =$

3) $4940 \div -52 =$

4) $-3030 \div -30 =$

5) $-819 \div -39 =$

6) $1372 \div 49 =$

7) $1792 \div 32 =$

8) $600 \div 100 =$

9) $258 \div 86 =$

10) $338 \div 26 =$

11) $2590 \div 74 =$

12) $-2432 \div 76 =$

13) $140 \div 5 =$

14) $962 \div 37 =$

15) $-444 \div -74 =$

16) $-5762 \div 67 =$

17) $2277 \div -23 =$

18) $1525 \div 25 =$

19) $6000 \div 80 =$

20) $4096 \div 64 =$

21) $2940 \div -70 =$

22) $-2738 \div -74 =$

23) $7254 \div 78 =$

24) $650 \div 25 =$

25) $-1410 \div -47 =$

26) $2844 \div -79 =$

27) $-840 \div -40 =$

28) $-2100 \div -30 =$

29) $910 \div 65 =$

30) $-1584 \div 44 =$

Name: _____   Date: _____

1) (-84) + (+22) =

2) (-112) ÷ (+7) =

3) (+75) - (+41) =

4) (+8536) ÷ (+88) =

5) (+6) + (+27) =

6) (-71) - (+24) =

7) (+20) - (-54) =

8) (-15) x (-26) =

9) (-41) x (-25) =

10) (+73) + (-67) =

11) (-95) + (-94) =

12) (-2926) ÷ (+38) =

13) (+756) ÷ (-27) =

14) (+73) x (+42) =

15) (-64) x (+70) =

16) (+60) - (+35) =

17) (+77) - (-63) =

18) (-26) x (+12) =

19) (+36) + (-81) =

20) (+5) - (-58) =

21) (+59) x (-72) =

22) (+76) x (+25) =

23) (+960) ÷ (+96) =

24) (+28) - (-99) =

25) (+150) ÷ (+5) =

26) (+49) + (+62) =

27) (+74) x (+49) =

28) (-85) + (+12) =

29) (+1824) ÷ (+19) =

30) (-45) + (+33) =

Name: _____   Date: _____

1) (-22) + (+74) =

2) (-152) ÷ (-8) =

3) (+50) - (-16) =

4) (+1050) ÷ (+70) =

5) (+15) - (+15) =

6) (+2650) ÷ (+53) =

7) (+86) - (-42) =

8) (+44) + (+26) =

9) (+2030) ÷ (+29) =

10) (+30) x (+72) =

11) (+4) x (-28) =

12) (-35) - (-50) =

13) (+13) - (+26) =

14) (-23) + (+33) =

15) (+4080) ÷ (+60) =

16) (+92) x (+46) =

17) (-76) + (-84) =

18) (+22) x (+5) =

19) (+19) - (+48) =

20) (+5670) ÷ (+63) =

21) (+4158) ÷ (-99) =

22) (-86) - (+36) =

23) (+1938) ÷ (+51) =

24) (+29) x (-71) =

25) (+15) x (+32) =

26) (+74) x (-50) =

27) (-14) + (+22) =

28) (+39) + (-16) =

29) (+34) + (-57) =

30) (+2) - (-89) =

Name: _____   Date: _____

1) (-59) - (-31) =   2) (+276) ÷ (+92) =

3) (-30) x (+22) =   4) (+95) - (-67) =

5) (+9) - (-5) =   6) (+112) ÷ (-56) =

7) (+98) + (-23) =   8) (+16) + (+12) =

9) (-24) x (+96) =   10) (+23) + (+53) =

11) (-83) + (+57) =   12) (+96) + (+95) =

13) (+4) x (+3) =   14) (-1862) ÷ (+98) =

15) (-43) - (+94) =   16) (+91) x (+64) =

17) (+77) + (+68) =   18) (-5796) ÷ (+84) =

19) (-96) - (+88) =   20) (+94) - (+56) =

21) (+86) + (+96) =   22) (+82) - (+7) =

23) (-3080) ÷ (-55) =   24) (-1891) ÷ (-31) =

25) (-630) ÷ (+42) =   26) (-64) x (-4) =

27) (+28) x (-65) =   28) (-59) x (-69) =

29) (-539) ÷ (+11) =   30) (+38) - (-66) =

DAY 94

1) (+9) + (+73) =

2) (+24) x (+58) =

3) (+89) + (+2) =

4) (-4180) ÷ (-44) =

5) (+6) + (+80) =

6) (+11) x (+53) =

7) (+308) ÷ (+4) =

8) (+19) + (+10) =

9) (+91) x (+48) =

10) (+2970) ÷ (+54) =

11) (+94) - (+4) =

12) (+55) x (-86) =

13) (+7) - (-94) =

14) (+61) + (+56) =

15) (+72) x (-63) =

16) (-4050) ÷ (-75) =

17) (-8) - (+47) =

18) (+74) - (-8) =

19) (+40) + (+26) =

20) (-71) - (+95) =

21) (+51) + (+35) =

22) (+2754) ÷ (-34) =

23) (+55) - (+97) =

24) (+83) x (-16) =

25) (+28) x (+91) =

26) (+6970) ÷ (+85) =

27) (+16) x (-45) =

28) (+49) - (-52) =

29) (+21) + (+58) =

30) (+342) ÷ (+38) =

Name: _____   Date: _____

1) 94 x -14 =

2) 42 + -98 =

3) -4399 ÷ -83 =

4) 85 - 34 =

5) -56 - -56 =

6) -68 - 16 =

7) 2 + -94 =

8) -2100 ÷ -70 =

9) -13 - 85 =

10) -80 + 91 =

11) -15 - -69 =

12) 39 x 57 =

13) 252 ÷ 14 =

14) 85 + 23 =

15) -4760 ÷ 56 =

16) 5256 ÷ 73 =

17) 16 + -81 =

18) 35 + -59 =

19) 38 x -75 =

20) 66 x 99 =

21) 45 x -86 =

22) 46 x -63 =

23) 81 x 22 =

24) 64 x -47 =

25) 3 + 4 =

26) 450 ÷ 75 =

27) 48 - -82 =

28) 8 - -97 =

29) -119 ÷ 7 =

30) 3 + 42 =

Name: _____   Date: ___ ___

1) 39 - 28 =

2) 41 x -68 =

3) -224 ÷ -32 =

4) 27 - 67 =

5) -3540 ÷ -59 =

6) -62 - -3 =

7) -2380 ÷ -35 =

8) 94 - 55 =

9) 93 x 38 =

10) -98 + -96 =

11) 756 ÷ 18 =

12) 83 + 85 =

13) -23 x 36 =

14) 34 x 31 =

15) -93 + -85 =

16) -1444 ÷ 19 =

17) 12 + 44 =

18) 84 x 25 =

19) 11 + 99 =

20) 17 + 94 =

21) 6 + -93 =

22) -24 - -97 =

23) 53 + -83 =

24) 46 - -79 =

25) 90 - -82 =

26) 75 x 37 =

27) 87 - -43 =

28) 87 x 91 =

29) 81 x -98 =

30) 1160 ÷ 20 =

DAY 97

1) -83 x 32 =

2) 43 + -3 =

3) -49 - -10 =

4) 2881 ÷ 43 =

5) -574 ÷ 82 =

6) -53 - 94 =

7) 14 + 14 =

8) -70 - 91 =

9) 34 x -81 =

10) 85 + -35 =

11) 2 x 80 =

12) -82 x 68 =

13) 72 x 26 =

14) 72 x -95 =

15) -546 ÷ 13 =

16) 28 + 27 =

17) 35 - 71 =

18) -5 x -85 =

19) 5 + -95 =

20) 96 + 75 =

21) -24 - 31 =

22) -24 - 66 =

23) -23 - -83 =

24) 6424 ÷ 88 =

25) 62 - 70 =

26) 588 ÷ 98 =

27) -783 ÷ -87 =

28) 80 x -26 =

29) -969 ÷ -17 =

30) 64 + -49 =

DAY 98

1) -83 x 32 =

2) 43 + -3 =

3) -49 - -10 =

4) 2881 ÷ 43 =

5) -574 ÷ 82 =

6) -53 - 94 =

7) 14 + 14 =

8) -70 - 91 =

9) 34 x -81 =

10) 85 + -35 =

11) 2 x 80 =

12) -82 x 68 =

13) 72 x 26 =

14) 72 x -95 =

15) -546 ÷ 13 =

16) 28 + 27 =

17) 35 - 71 =

18) -5 x -85 =

19) 5 + -95 =

20) 96 + 75 =

21) -24 - 31 =

22) -24 - 66 =

23) -23 - -83 =

24) 6424 ÷ 88 =

25) 62 - 70 =

26) 588 ÷ 98 =

27) -783 ÷ -87 =

28) 80 x -26 =

29) -969 ÷ -17 =

30) 64 + -49 =

Name: _____   Date: _____

1) 82 + 43 =

2) 1120 ÷ 56 =

3) 2562 ÷ 61 =

4) -2314 ÷ 26 =

5) 2000 ÷ 80 =

6) 63 - -75 =

7) 5626 ÷ -97 =

8) -96 x -14 =

9) -11 - 97 =

10) 44 x 94 =

11) 14 + 8 =

12) 9 x 28 =

13) -44 + -7 =

14) 54 + 66 =

15) -94 + -39 =

16) -80 + 94 =

17) 90 - 76 =

18) 324 ÷ 9 =

19) -53 x -96 =

20) 13 - -9 =

21) 9 - -79 =

22) 24 + 75 =

23) 6264 ÷ 72 =

24) -99 x 85 =

25) 27 - -38 =

26) 71 x 58 =

27) -96 - 85 =

28) -50 x 34 =

29) 61 - 76 =

30) 17 + 32 =

Name: _____   Date: _____

1) $-23 \times -77 =$

2) $-31 \times 48 =$

3) $70 + -28 =$

4) $-22 + 87 =$

5) $-11 + -36 =$

6) $-2 \times 92 =$

7) $441 \div 7 =$

8) $819 \div 63 =$

9) $73 - 47 =$

10) $49 - -97 =$

11) $76 + -37 =$

12) $51 + 98 =$

13) $-75 \div -25 =$

14) $12 - 43 =$

15) $-33 \times 97 =$

16) $-36 - -4 =$

17) $8280 \div 90 =$

18) $-759 \div 69 =$

19) $51 - 63 =$

20) $29 \times 32 =$

21) $51 + -96 =$

22) $74 - 30 =$

23) $44 \div 11 =$

24) $92 \times -24 =$

25) $2500 \div 50 =$

26) $37 \times 57 =$

27) $44 + -33 =$

28) $73 + 43 =$

29) $16 - -36 =$

30) $77 - 89 =$

ANSWER KEY

PI MATH PUBLISHING

pimathpublishing@gmail.com

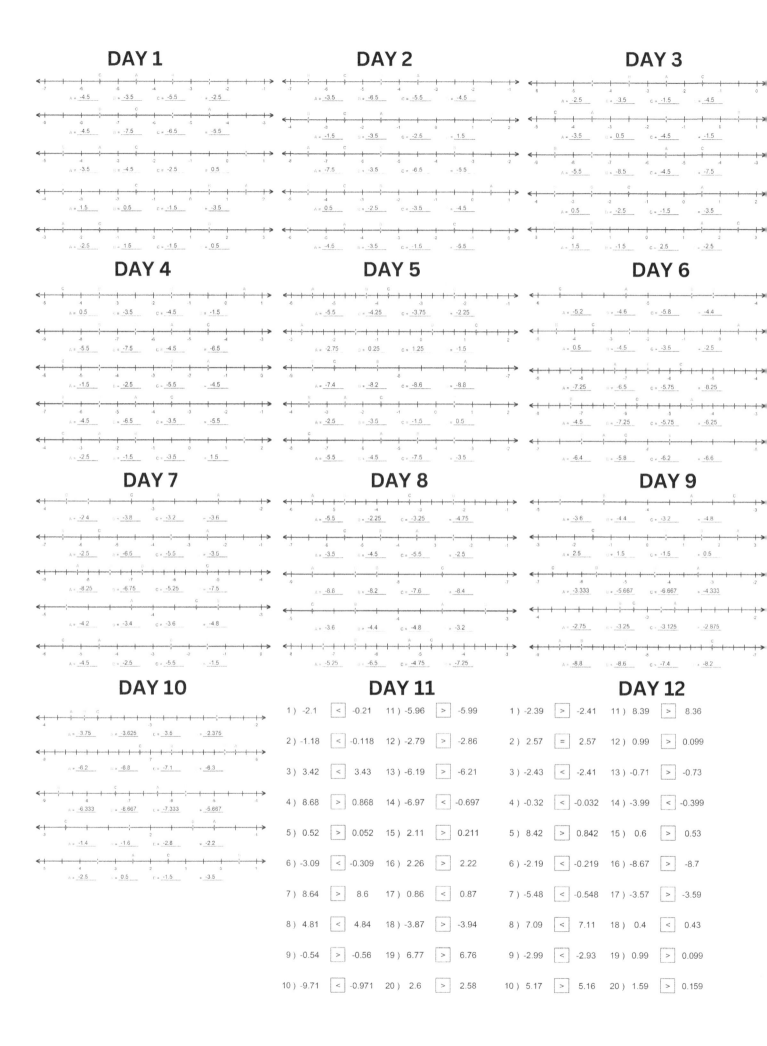

DAY 1
DAY 2
DAY 3
DAY 4
DAY 5
DAY 6
DAY 7
DAY 8
DAY 9
DAY 10
DAY 11
DAY 12

DAY 11

1) -2.1 $<$ -0.21
2) -1.18 $<$ -0.118
3) 3.42 $<$ 3.43
4) 8.68 $>$ 0.868
5) 0.52 $>$ 0.052
6) -3.09 $<$ -0.309
7) 8.64 $>$ 8.6
8) 4.81 $<$ 4.84
9) -0.54 $>$ -0.56
10) -9.71 $<$ -0.971
11) -5.96 $>$ -5.99
12) -2.79 $>$ -2.86
13) -6.19 $>$ -6.21
14) -6.97 $<$ -0.697
15) 2.11 $>$ 0.211
16) 2.26 $>$ 2.22
17) 0.86 $<$ 0.87
18) -3.87 $>$ -3.94
19) 6.77 $>$ 6.76
20) 2.6 $>$ 2.58

DAY 12

1) -2.39 $>$ -2.41
2) 2.57 $=$ 2.57
3) -2.43 $<$ -2.41
4) -0.32 $<$ -0.032
5) 8.42 $>$ 0.842
6) -2.19 $<$ -0.219
7) -5.48 $<$ -0.548
8) 7.09 $<$ 7.11
9) -2.99 $<$ -2.93
10) 5.17 $>$ 5.16
11) 8.39 $>$ 8.36
12) 0.99 $>$ 0.099
13) -0.71 $>$ -0.73
14) -3.99 $<$ -0.399
15) 0.6 $>$ 0.53
16) -8.67 $>$ -8.7
17) -3.57 $>$ -3.59
18) 0.4 $<$ 0.43
19) 0.99 $>$ 0.099
20) 1.59 $>$ 0.159

DAY 13

1) 5.43	>	5.4	11) 2.66	>	0.266
2) 8.59	>	0.859	12) -8.28	<	-0.828
3) -0.51	>	-0.52	13) -1.01	<	-0.97
4) -0.59	>	-0.61	14) 9.94	>	0.994
5) -4.81	<	-4.76	15) -3.46	<	-3.45
6) 9.5	>	0.95	16) 1.77	<	1.79
7) 4.03	<	4.07	17) -6.38	<	-6.36
8) -4.71	<	-0.471	18) 1.98	<	2.03
9) 4.99	>	0.499	19) -1.47	>	-1.49
10) 0.63	<	0.68	20) -4.68	<	-0.468

DAY 14

1) -3.17	>	-3.24	11) -1.48	<	-0.148
2) 6.92	<	6.93	12) -1.65	<	-0.165
3) 5.19	>	5.13	13) -1.77	<	-0.177
4) 3.19	>	0.319	14) -8.17	>	-8.25
5) 1.09	<	1.1	15) 5.88	>	0.588
6) -0.6	>	-0.62	16) 3	>	2.98
7) 6.21	>	0.621	17) 7.09	<	7.11
8) 2.09	>	0.209	18) 2.17	>	-2.14
9) -7.77	<	-7.71	19) -6.49	<	-6.47
10) 2.31	<	2.35	20) -6.57	<	-0.657

DAY 15

1) -0.89	>	-0.95	11) 3.2	>	0.32
2) 2.28	>	0.228	12) -3.34	<	-0.334
3) 6.52	>	0.652	13) 9.54	>	9.53
4) 9.91	>	9.87	14) -3.38	>	-3.41
5) 5.14	<	5.21	15) -4.95	<	-4.89
6) -7.95	<	-0.795	16) 2.47	>	2.43
7) -8.58	<	-0.858	17) -1.67	=	-1.67
8) -7.4	<	-0.74	18) -1.47	=	-1.47
9) -3.29	>	-3.32	19) 4.96	<	4.99
10) 3.06	>	3.05	20) 1.69	>	0.169

DAY 16

1) -7.19	<	-0.719	11) 0.38	<	0.4
2) 3.47	>	0.347	12) 3.03	>	0.303
3) -1.72	<	-1.66	13) -4.97	>	-4.98
4) 5.55	<	5.58	14) 4.54	<	4.56
5) 2.22	>	2.21	15) -4.08	<	-0.408
6) -1.28	>	-1.31	16) -6.88	>	-6.91
7) 1.61	>	0.161	17) -6.34	<	-6.31
8) -0.75	<	-0.72	18) 9.6	>	0.96
9) 3.7	>	0.37	19) -5.87	>	-5.9
10) 6.92	>	0.692	20) -2	>	-2.04

DAY 17

1) -1.58	<	-1.54	11) -6.24	<	-0.624
2) -9.16	<	-9.11	12) -5.12	<	-0.512
3) 7.07	>	7.06	13) 3.64	>	3.59
4) -0.45	<	-0.045	14) 4.19	>	0.419
5) 9.1	>	9.05	15) 0.63	>	0.063
6) 8.21	>	8.2	16) -7.1	<	-0.71
7) -2.13	>	-2.15	17) 5.04	>	5.02
8) 5.5	<	5.52	18) -7.36	<	-0.736
9) 0.44	=	0.44	19) -1.65	>	-1.67
10) 5.7	>	5.67	20) -6.75	<	-0.675

DAY 18

1) 4.19	>	0.419	11) -2.66	<	-2.65
2) 5.32	<	5.34	12) -4.85	<	-4.82
3) -4.94	>	-4.96	13) 4.58	<	4.61
4) -6.22	<	-6.18	14) -9.96	<	-0.996
5) -1.98	<	-0.198	15) -9.42	<	-0.942
6) -5.87	<	-0.587	16) 6.15	>	0.615
7) 8.65	>	8.63	17) 5.1	>	-5.12
8) 6.26	>	0.626	18) -8.18	<	-8.12
9) 5.73	>	5.71	19) 5.49	<	5.51
10) 7.8	<	7.81	20) 2.5	>	0.25

DAY 19

1) 2.84	>	0.284	11) -6.01	<	-0.601
2) 0.37	>	0.037	12) -7.41	<	-7.39
3) 9.31	<	9.32	13) -4.42	=	-4.42
4) -6.67	<	-6.71	14) 1.37	<	1.42
5) 6.18	=	6.18	15) 9.57	<	9.6
6) 7.95	>	0.795	16) -5.3	>	-5.34
7) 2.28	>	0.228	17) -6.07	<	-0.607
8) -7.33	<	-7.35	18) -3.71	<	-0.371
9) 8.11	=	8.11	19) 2.31	>	0.231
10) -1.53	>	-1.54	20) -1.41	<	-1.39

DAY 20

1) -2.61	>	-2.66	11) -3.08	<	-0.308
2) -1.23	<	-0.123	12) 9.24	>	0.924
3) 1.54	>	1.48	13) 8.09	>	0.809
4) -1.34	<	-1.31	14) 7.78	<	7.79
5) -3.98	<	-3.92	15) 6.53	>	0.653
6) -8.17	<	-8.13	16) 6.73	>	6.71
7) 2.56	<	2.58	17) -1.78	<	-1.74
8) -8.13	<	-0.813	18) -2.78	<	-0.278
9) -6.66	<	-0.666	19) 2.11	>	2.07
10) 1.96	<	1.99	20) 8.71	<	8.76

DAY 21

1) -71 -98 12 77 → -98 -71 12 77
2) -73 46 82 91 → -73 46 82 91
3) -33 -23 -73 2 → -73 -33 -23 2
4) -39 65 -22 31 → -39 -22 31 65
5) 86 -29 -89 -34 → -89 -34 -29 86
6) 75 -12 -43 -91 → 91 43 -12 75
7) -63 24 -62 -36 → -63 -62 -36 24
8) 46 -1 16 44 → -1 16 44 46
9) 43 -57 87 91 → -57 43 87 91
10) 72 16 -19 97 → -19 16 72 97
11) -71 98 -73 -30 → -73 -71 -30 98
12) -8 21 6 -37 → -37 -8 6 21
13) -55 -81 -51 22 → -81 -55 -51 22
14) 11 -62 -67 -61 → -67 -62 -61 11
15) -72 -7 37 67 → -72 -7 37 67
16) -31 55 -89 26 → -89 -31 26 55
17) 50 60 -59 -87 → -87 -59 50 60
18) 4 56 -18 13 → -18 4 13 56
19) -59 44 -58 -70 → -70 -59 -58 44
20) 21 -12 76 40 → -12 21 40 76

DAY 22

1) -13 -59 13 93 → -59 -13 13 93
2) 53 81 -43 → -43 -3 53
3) -54 -80 59 -3 → -80 -54 -3 59
4) -33 -27 57 → -33 -27 11
5) 67 60 27 38 → 27 38 60 67
6) -32 8 90 → -32 8 16
7) -8 -67 -30 -55 → -67 -55 -30 -8
8) -99 -20 -58 → -99 -84 -58
9) -61 -75 47 -92 → -92 -75 -61 47
10) 94 -14 92 → -27 -14 92
11) -2 47 -47 -73 → -73 -47 -2 47
12) 99 34 88 → -6 34 88
13) 15 50 18 3 → 3 15 18 50
14) -41 5 0 → -41 0 5
15) 36 16 87 53 → 16 36 53 87
16) 25 92 9 → 1 9 25 92
17) 33 18 74 50 → 18 33 50 74
18) 38 92 1 → 1 38 57
19) 70 57 -63 -53 → -63 -53 57 70
20) -25 47 -37 → -37 -25 0

DAY 23

1) -29 35 40 -65 → 40 35 -29 -65
2) 34 62 -68 -33 → 62 34 -33 -68
3) -87 -38 -76 -65 → -38 -65 -76 -87
4) 29 1 23 37 → 37 29 23 1
5) -42 24 -91 -56 → 24 -42 -56 -91
6) 32 21 -70 19 → 32 21 19 -70
7) -63 27 -26 -7 → 27 -7 -26 -63
8) 32 16 77 80 → 80 77 32 16
9) -92 -42 -67 46 → 46 -42 -67 -92
10) 47 52 51 -62 → 52 51 47 -62
11) -16 -71 50 -40 → 50 -16 -40 -71
12) 21 -51 19 91 → 91 21 19 -51
13) 69 29 24 -83 → 69 29 24 -83
14) -72 -47 -30 -81 → -30 -47 -72 -81
15) 43 -63 29 -41 → 43 29 -41 -63
16) 59 -5 -9 61 → 61 59 -5 -9
17) 12 28 -18 -44 → 28 12 -18 -44
18) -49 -99 -57 65 → 65 -49 -57 -99
19) 82 -84 -77 10 → 82 10 -77 -84
20) 10 -65 -11 -77 → 10 -11 -65 -77

DAY 24

1) -11 37 -29 40 → 40 37 -11 -29
2) 92 90 60 -57 → 92 90 60 -57
3) -29 41 -14 64 → 64 41 -14 -29
4) 2 -2 69 -88 → 69 2 -2 -88
5) -62 -35 -30 87 → 87 -30 -35 -62
6) 21 -30 61 88 → 88 61 21 -30
7) -26 37 17 -59 → 37 17 -26 -59
8) 22 -32 31 62 → 62 31 22 -32
9) 29 3 -69 -74 → 29 3 -69 -74
10) -68 62 -6 37 → 62 37 -6 -68
11) 13 -88 -39 -48 → 13 -39 -48 -88
12) 9 -89 -37 21 → 21 9 -37 -89
13) -62 52 -49 25 → 52 25 -49 -62
14) 18 44 -89 31 → 44 31 18 -89
15) 98 24 19 15 → 98 24 19 15
16) -1 -33 -81 20 → 20 -1 -33 -81
17) 98 -41 68 52 → 98 68 52 -41
18) 84 32 -69 -41 → 84 32 -41 -69
19) -51 89 65 72 → 89 72 65 -51
20) -87 -41 -47 -56 → -41 -47 -56 -87

DAY 25

1)	0.88 ; 0.2 ; 0.78 0.88 ; 0.78 ; 0.2	2)	0.27 ; 0.8 ; 0.5 0.8 ; 0.5 ; 0.27
3)	0.48 ; 0.3 ; 0.4 0.48 ; 0.4 ; 0.3	4)	1.12 ; 1.41 ; 1.18 1.41 ; 1.18 ; 1.12
5)	6.5 ; 6.51 ; 6.2 6.51 ; 6.5 ; 6.2	6)	4.59 ; 4.3 ; 4.5 4.59 ; 4.5 ; 4.3
7)	0.5 ; 0.82 ; 0.90 0.90 ; 0.82 ; 0.5	8)	1.12 ; 1.55 ; 1.8 1.8 ; 1.55 ; 1.12
9)	6.04 ; 6.16 ; 6.31 6.31 ; 6.16 ; 6.04	10)	3.7 ; 3.87 ; 3.47 3.87 ; 3.7 ; 3.47
11)	6.28 ; 6.1 ; 6.3 6.3 ; 6.28 ; 6.1	12)	0.2 ; 0.47 ; 0.4 0.47 ; 0.4 ; 0.2
13)	0.3 ; 0.07 ; 0.87 0.87 ; 0.3 ; 0.07	14)	0.87 ; 0.3 ; 0.6 0.87 ; 0.6 ; 0.3
15)	2.4 ; 2.8 ; 2.84 2.84 ; 2.8 ; 2.4	16)	0.1 ; 0.6 ; 0.2 0.6 ; 0.2 ; 0.1

DAY 26

1)	7.25 ; 7.96 ; 7.82 7.96 ; 7.82 ; 7.25	2)	0.13 ; 0.5 ; 0.95 0.95 ; 0.5 ; 0.13
3)	0.3 ; 0.7 ; 0.41 0.7 ; 0.41 ; 0.3	4)	5.48 ; 5.88 ; 5.40 5.88 ; 5.48 ; 5.40
5)	0.6 ; 0.30 ; 0.1 0.6 ; 0.30 ; 0.1	6)	0.72 ; 0.2 ; 0.3 0.72 ; 0.3 ; 0.2
7)	0.3 ; 0.1 ; 0.5 0.5 ; 0.3 ; 0.1	8)	4.8 ; 4.75 ; 4.82 4.82 ; 4.8 ; 4.75
9)	5.4 ; 5.7 ; 5.86 5.86 ; 5.7 ; 5.4	10)	2.9 ; 2.82 ; 2.57 2.9 ; 2.82 ; 2.57
11)	4.20 ; 4.10 ; 4.71 4.71 ; 4.20 ; 4.10	12)	6.8 ; 6.61 ; 6.1 6.8 ; 6.61 ; 6.1
13)	2.6 ; 2.3 ; 2.5 2.6 ; 2.5 ; 2.3	14)	0.6 ; 0.46 ; 0.7 0.7 ; 0.6 ; 0.46
15)	0.35 ; 0.1 ; 0.7 0.7 ; 0.35 ; 0.1	16)	0.24 ; 0.98 ; 0.1 0.98 ; 0.24 ; 0.1

DAY 27

1)	0.8 ; 0.19 ; 0.1 ; 0.5 0.1 ; 0.19 ; 0.5 ; 0.8	2)	3.49 ; 3.4 ; 3.7 ; 3.2 3.2 ; 3.4 ; 3.49 ; 3.7
3)	5.7 ; 5.38 ; 5.3 ; 5.8 5.3 ; 5.38 ; 5.7 ; 5.8	4)	0.63 ; 0.07 ; 0.12 ; 0.1 0.07 ; 0.1 ; 0.12 ; 0.63
5)	9.3 ; 9.86 ; 9.1 ; 9.58 9.1 ; 9.3 ; 9.58 ; 9.86	6)	9.4 ; 9.47 ; 9.04 ; 9.2 9.04 ; 9.2 ; 9.4 ; 9.47
7)	0.14 ; 0.72 ; 0.05 ; 0.49 0.05 ; 0.14 ; 0.49 ; 0.72	8)	0.2 ; 0.1 ; 0.37 ; 0.92 0.1 ; 0.2 ; 0.37 ; 0.92
9)	8.7 ; 8.41 ; 8.1 ; 8.6 8.1 ; 8.41 ; 8.6 ; 8.7	10)	5.1 ; 5.4 ; 5.7 ; 5.24 5.1 ; 5.24 ; 5.4 ; 5.7
11)	5.90 ; 5.52 ; 5.2 ; 5.31 5.2 ; 5.31 ; 5.52 ; 5.90	12)	0.2 ; 0.12 ; 0.3 ; 0.4 0.12 ; 0.2 ; 0.3 ; 0.4
13)	0.12 ; 0.5 ; 0.3 ; 0.1 0.1 ; 0.12 ; 0.3 ; 0.5	14)	0.16 ; 0.27 ; 0.83 ; 0.65 0.16 ; 0.27 ; 0.65 ; 0.83
15)	8.75 ; 8.8 ; 8.18 ; 8.9 8.18 ; 8.75 ; 8.8 ; 8.9	16)	0.8 ; 0.65 ; 0.81 ; 0.79 0.65 ; 0.79 ; 0.8 ; 0.81

DAY 28

1)	9.6 ; 9.3 ; 9.68 ; 9.2 9.2 ; 9.3 ; 9.6 ; 9.68	2)	9.4 ; 9.16 ; 9.7 ; 9.57 9.16 ; 9.4 ; 9.57 ; 9.7
3)	5.50 ; 5.61 ; 5.5 ; 5.2 5.2 ; 5.50 ; 5.5 ; 5.61	4)	9.4 ; 9.7 ; 9.56 ; 9.59 9.4 ; 9.56 ; 9.59 ; 9.7
5)	0.1 ; 0.5 ; 0.9 ; 0.61 0.1 ; 0.5 ; 0.61 ; 0.9	6)	0.6 ; 0.02 ; 0.8 ; 0.10 0.02 ; 0.10 ; 0.6 ; 0.8
7)	8.98 ; 8.3 ; 8.63 ; 8.32 8.3 ; 8.32 ; 8.63 ; 8.98	8)	0.1 ; 0.2 ; 0.9 ; 0.07 0.07 ; 0.1 ; 0.2 ; 0.9
9)	1.9 ; 1.13 ; 1.2 ; 1.4 1.13 ; 1.2 ; 1.4 ; 1.9	10)	0.4 ; 0.70 ; 0.9 ; 0.65 0.4 ; 0.65 ; 0.70 ; 0.9
11)	0.5 ; 0.74 ; 0.4 ; 0.56 0.4 ; 0.5 ; 0.56 ; 0.74	12)	6.7 ; 6.12 ; 6.77 ; 6.1 6.1 ; 6.12 ; 6.7 ; 6.77
13)	0.79 ; 0.13 ; 0.7 ; 0.84 0.13 ; 0.7 ; 0.79 ; 0.84	14)	0.9 ; 0.1 ; 0.94 ; 0.79 0.1 ; 0.79 ; 0.9 ; 0.94
15)	2.82 ; 2.7 ; 2.76 ; 2.41 2.41 ; 2.7 ; 2.76 ; 2.82	16)	0.71 ; 0.93 ; 0.21 ; 0.5 0.21 ; 0.5 ; 0.71 ; 0.93

DAY 29

1)	0.01 ; 0.9 ; 0.056 ; 0.4 0.9 ; 0.4 ; 0.056 ; 0.01	2)	0.413 ; 0.6 ; 0.1 ; 0.573 0.6 ; 0.573 ; 0.413 ; 0.1
3)	0.68 ; 0.88 ; 0.922 ; 0.683 0.922 ; 0.88 ; 0.683 ; 0.68	4)	0.953 ; 0.5 ; 0.671 ; 0.231 0.953 ; 0.671 ; 0.5 ; 0.231
5)	6.31 ; 6.5 ; 6.865 ; 6.585 6.865 ; 6.585 ; 6.5 ; 6.31	6)	4.64 ; 4.613 ; 4.7 ; 4.8 4.8 ; 4.7 ; 4.64 ; 4.613
7)	9.34 ; 9.6 ; 9.64 ; 9.431 9.64 ; 9.6 ; 9.431 ; 9.34	8)	3.8 ; 3.372 ; 3.1 ; 3.330 3.8 ; 3.372 ; 3.330 ; 3.1
9)	0.37 ; 0.088 ; 0.7 ; 0.21 0.7 ; 0.37 ; 0.21 ; 0.088	10)	9.1 ; 9.9 ; 9.957 ; 9.90 9.957 ; 9.90 ; 9.9 ; 9.1
11)	1.38 ; 1.4 ; 1.7 ; 1.06 1.7 ; 1.4 ; 1.38 ; 1.06	12)	0.965 ; 0.23 ; 0.4 ; 0.369 0.965 ; 0.4 ; 0.369 ; 0.23
13)	0.27 ; 0.44 ; 0.8 ; 0.7 0.8 ; 0.7 ; 0.44 ; 0.27	14)	6.82 ; 6.1 ; 6.79 ; 6.52 6.82 ; 6.79 ; 6.52 ; 6.1
15)	0.5 ; 0.3 ; 0.71 ; 0.54 0.71 ; 0.54 ; 0.5 ; 0.3	16)	2.040 ; 2.4 ; 2.03 ; 2.899 2.899 ; 2.4 ; 2.040 ; 2.03

DAY 30

1)	2.6 ; 2.4 ; 2.3 ; 2.1 2.6 ; 2.4 ; 2.3 ; 2.1	2)	0.501 ; 0.80 ; 0.1 ; 0.36 0.80 ; 0.501 ; 0.36 ; 0.1
3)	0.79 ; 0.1 ; 0.59 ; 0.602 0.79 ; 0.602 ; 0.59 ; 0.1	4)	9.73 ; 9.8 ; 9.66 ; 9.5 9.8 ; 9.73 ; 9.66 ; 9.5
5)	6.38 ; 6.214 ; 6.35 ; 6.62 6.62 ; 6.38 ; 6.35 ; 6.214	6)	0.448 ; 0.3 ; 0.8 ; 0.61 0.8 ; 0.61 ; 0.448 ; 0.3
7)	0.281 ; 0.455 ; 0.4 ; 0.2 0.455 ; 0.4 ; 0.281 ; 0.2	8)	4.308 ; 4.8 ; 4.69 ; 4.7 4.8 ; 4.7 ; 4.69 ; 4.308
9)	0.363 ; 0.78 ; 0.55 ; 0.9 0.9 ; 0.78 ; 0.55 ; 0.363	10)	4.22 ; 4.237 ; 4.520 ; 4.506 4.520 ; 4.506 ; 4.237 ; 4.22
11)	0.81 ; 0.23 ; 0.918 ; 0.70 0.918 ; 0.81 ; 0.70 ; 0.23	12)	3.4 ; 3.6 ; 3.682 ; 3.73 3.73 ; 3.682 ; 3.6 ; 3.4
13)	8.354 ; 8.86 ; 8.748 ; 8.1 8.86 ; 8.748 ; 8.354 ; 8.1	14)	0.315 ; 0.4 ; 0.222 ; 0.099 0.4 ; 0.315 ; 0.222 ; 0.099
15)	0.183 ; 0.5 ; 0.98 ; 0.168 0.98 ; 0.5 ; 0.183 ; 0.168	16)	5.29 ; 5.7 ; 5.846 ; 5.1 5.846 ; 5.7 ; 5.29 ; 5.1

DAY 31

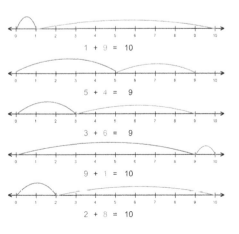

1 + 9 = 10

5 + 4 = 9

3 + 6 = 9

9 + 1 = 10

2 + 8 = 10

DAY 32

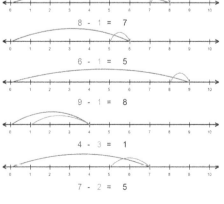

8 - 1 = 7

6 - 1 = 5

9 - 1 = 8

4 - 3 = 1

7 - 2 = 5

DAY 33

Number Lines

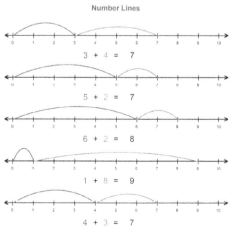

3 + 4 = 7

5 + 2 = 7

6 + 2 = 8

1 + 8 = 9

4 + 3 = 7

DAY 34
Number Lines

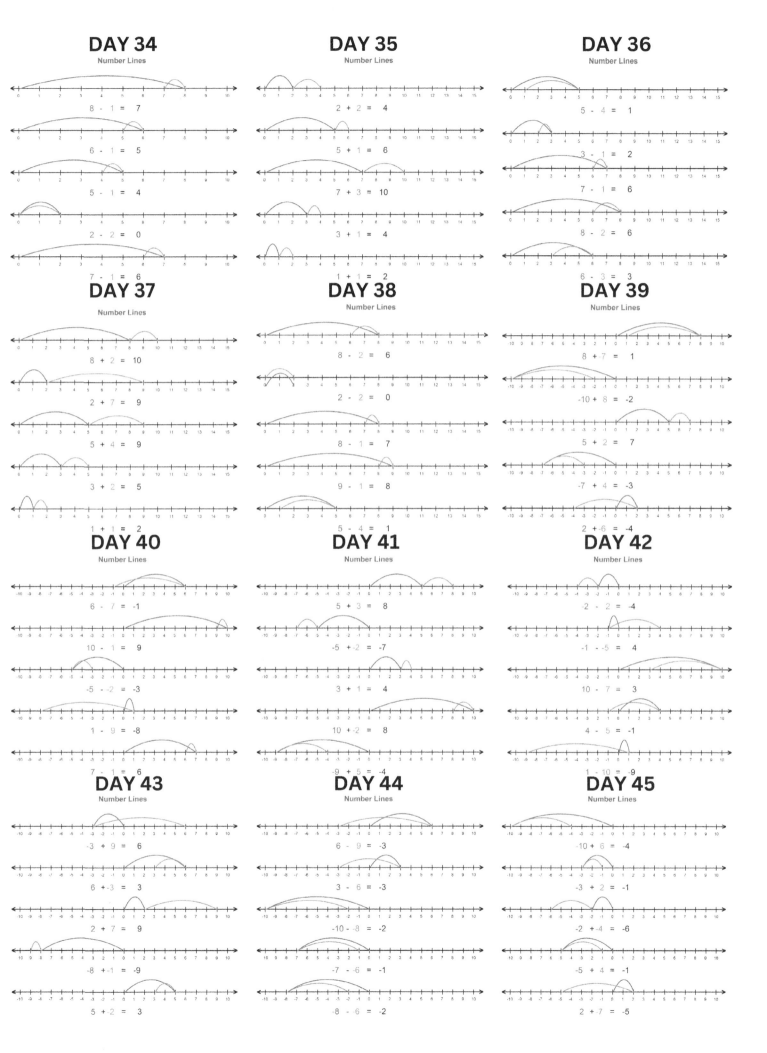

8 - 1 = 7

6 - 1 = 5

5 - 1 = 4

2 - 2 = 0

7 - 1 = 6

DAY 35
Number Lines

2 + 2 = 4

5 + 1 = 6

7 + 3 = 10

3 + 1 = 4

1 + 1 = 2

DAY 36
Number Lines

5 - 4 = 1

3 - 1 = 2

7 - 1 = 6

8 - 2 = 6

6 - 3 = 3

DAY 37
Number Lines

8 + 2 = 10

2 + 7 = 9

5 + 4 = 9

3 + 2 = 5

1 + 1 = 2

DAY 38
Number Lines

8 - 2 = 6

2 - 2 = 0

8 - 1 = 7

9 - 1 = 8

5 - 4 = 1

DAY 39
Number Lines

8 + -7 = 1

-10 + 8 = -2

5 + 2 = 7

-7 + 4 = -3

2 + -6 = -4

DAY 40
Number Lines

6 - 7 = -1

10 - 1 = 9

-5 - -2 = -3

1 - 9 = -8

7 - 1 = 6

DAY 41
Number Lines

5 + 3 = 8

-5 + -2 = -7

3 + 1 = 4

10 + -2 = 8

-9 + 5 = -4

DAY 42
Number Lines

-2 - 2 = -4

-1 - -5 = 4

10 - 7 = 3

4 - 5 = -1

1 - 10 = -9

DAY 43
Number Lines

-3 + 9 = 6

6 + -3 = 3

2 + 7 = 9

-8 + -1 = -9

5 + -2 = 3

DAY 44
Number Lines

6 - 9 = -3

3 - 6 = -3

-10 - -8 = -2

-7 - -6 = -1

-8 - -6 = -2

DAY 45
Number Lines

-10 + 6 = -4

-3 + 2 = -1

-2 + -4 = -6

-5 + 4 = -1

2 + -7 = -5

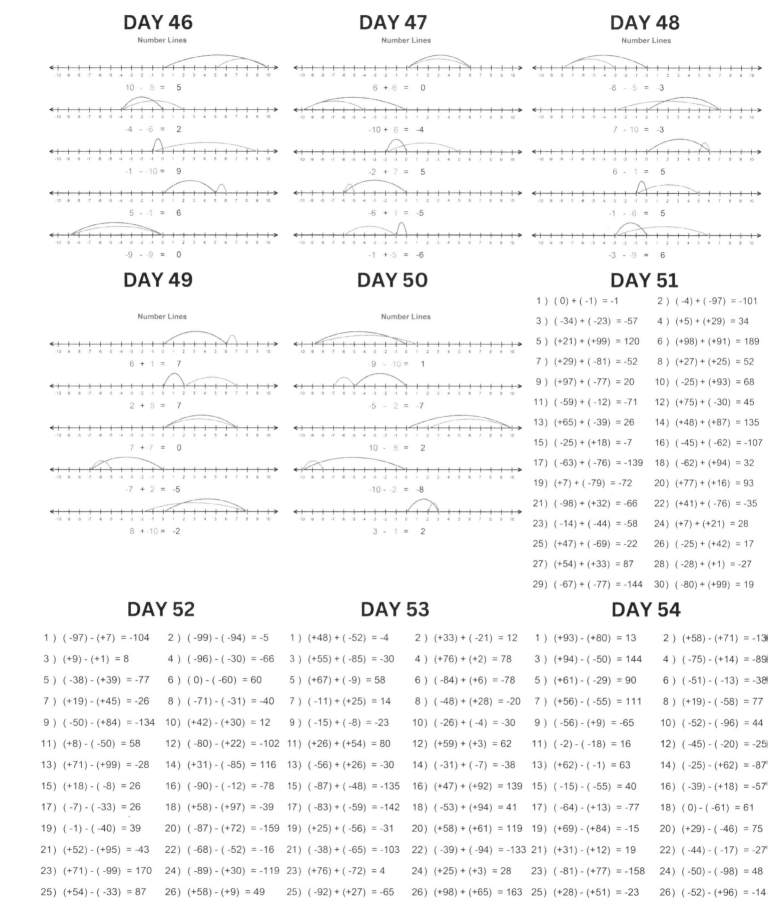

DAY 46
Number Lines

10 - 5 = 5

-4 - -6 = 2

-1 - -10 = 9

5 - -1 = 6

-9 - -9 = 0

DAY 47
Number Lines

6 + -6 = 0

-10 + 6 = -4

-2 + 7 = 5

-6 + 1 = -5

-1 + -5 = -6

DAY 48
Number Lines

-8 - -5 = -3

7 - 10 = -3

6 - 1 = 5

-1 - -6 = 5

-3 - -9 = 6

DAY 49
Number Lines

6 + 1 = 7

2 + 5 = 7

7 + -7 = 0

-7 + 2 = -5

8 + -10 = -2

DAY 50
Number Lines

-9 - -10 = 1

-5 - 2 = -7

10 - 8 = 2

-10 - -2 = -8

3 - 1 = 2

DAY 51
1) (0) + (-1) = -1   2) (-4) + (-97) = -101
3) (-34) + (-23) = -57   4) (+5) + (+29) = 34
5) (+21) + (+99) = 120   6) (+98) + (+91) = 189
7) (+29) + (-81) = -52   8) (+27) + (+25) = 52
9) (+97) + (-77) = 20   10) (-25) + (+93) = 68
11) (-59) + (-12) = -71   12) (+75) + (-30) = 45
13) (+65) + (-39) = 26   14) (+48) + (+87) = 135
15) (-25) + (+18) = -7   16) (-45) + (-62) = -107
17) (-63) + (-76) = -139   18) (-62) + (+94) = 32
19) (+7) + (-79) = -72   20) (+77) + (+16) = 93
21) (-98) + (+32) = -66   22) (+41) + (-76) = -35
23) (-14) + (-44) = -58   24) (+7) + (+21) = 28
25) (+47) + (-69) = -22   26) (-25) + (+42) = 17
27) (+54) + (+33) = 87   28) (-28) + (+1) = -27
29) (-67) + (-77) = -144   30) (-80) + (+99) = 19

DAY 52
1) (-97) - (+7) = -104   2) (-99) - (-94) = -5
3) (+9) - (+1) = 8   4) (-96) - (-30) = -66
5) (-38) - (+39) = -77   6) (0) - (-60) = 60
7) (+19) - (+45) = -26   8) (-71) - (-31) = -40
9) (-50) - (+84) = -134   10) (+42) - (+30) = 12
11) (+8) - (-50) = 58   12) (-80) - (+22) = -102
13) (+71) - (+99) = -28   14) (+31) - (-85) = 116
15) (+18) - (-8) = 26   16) (-90) - (-12) = -78
17) (-7) - (-33) = 26   18) (+58) - (+97) = -39
19) (-1) - (-40) = 39   20) (-87) - (+72) = -159
21) (+52) - (+95) = -43   22) (-68) - (-52) = -16
23) (+71) - (-99) = 170   24) (-89) - (+30) = -119
25) (+54) - (-33) = 87   26) (+58) - (+9) = 49
27) (-13) - (+99) = -112   28) (-5) - (-94) = 89
29) (+29) - (+95) = -66   30) (+7) - (-27) = 34

DAY 53
1) (+48) + (-52) = -4   2) (+33) + (-21) = 12
3) (+55) + (-85) = -30   4) (+76) + (+2) = 78
5) (+67) + (-9) = 58   6) (-84) + (+6) = -78
7) (-11) + (+25) = 14   8) (-48) + (+28) = -20
9) (-15) + (-8) = -23   10) (-26) + (-4) = -30
11) (+26) + (+54) = 80   12) (+59) + (+3) = 62
13) (-56) + (+26) = -30   14) (-31) + (-7) = -38
15) (-87) + (-48) = -135   16) (+47) + (+92) = 139
17) (-83) + (-59) = -142   18) (-53) + (+94) = 41
19) (+25) + (-56) = -31   20) (+58) + (+61) = 119
21) (-38) + (-65) = -103   22) (-39) + (-94) = -133
23) (+76) + (-72) = 4   24) (+25) + (+3) = 28
25) (-92) + (+27) = -65   26) (+98) + (+65) = 163
27) (+95) + (-58) = 37   28) (-77) + (-97) = -174
29) (-56) + (+94) = 38   30) (+78) + (+61) = 139

DAY 54
1) (+93) - (+80) = 13   2) (+58) - (+71) = -13
3) (+94) - (-50) = 144   4) (-75) - (+14) = -89
5) (+61) - (-29) = 90   6) (-51) - (-13) = -38
7) (+56) - (-55) = 111   8) (+19) - (-58) = 77
9) (-56) - (+9) = -65   10) (-52) - (-96) = 44
11) (-2) - (-18) = 16   12) (-45) - (-20) = -25
13) (+62) - (-1) = 63   14) (-25) - (+62) = -87
15) (-15) - (-55) = 40   16) (-39) - (+18) = -57
17) (-64) - (+13) = -77   18) (0) - (-61) = 61
19) (+69) - (-84) = -15   20) (+29) - (-46) = 75
21) (+31) - (+12) = 19   22) (-44) - (-17) = -27
23) (-81) - (+77) = -158   24) (-50) - (-98) = 48
25) (+28) - (+51) = -23   26) (-52) - (+96) = -14
27) (0) - (+28) = -28   28) (-13) - (-90) = 77
29) (+34) - (+40) = -6   30) (+27) - (+22) = 5

DAY 55

1) (+58) + (-47) = 11
2) (+38) + (-66) = -28
3) (-76) + (+2) = -74
4) (+6) + (+40) = 46
5) (-38) + (+90) = 52
6) (-31) + (-45) = -76
7) (+35) + (+13) = 48
8) (-61) + (0) = -61
9) (-14) + (-84) = -98
10) (-76) + (-87) = -163
11) (+84) + (+56) = 140
12) (+91) + (+24) = 115
13) (+86) + (+47) = 133
14) (+43) + (-4) = 39
15) (+56) + (-81) = -25
16) (+54) + (+34) = 88
17) (+73) + (-20) = 53
18) (-9) + (-91) = -100
19) (-19) + (-6) = -25
20) (+56) + (+5) = 61
21) (-56) + (-17) = -73
22) (+14) + (+22) = 36
23) (+4) + (-45) = -41
24) (-17) + (+69) = 52
25) (-73) + (-92) = -165
26) (-65) + (+56) = -9
27) (-81) + (+81) = 0
28) (-62) + (+47) = -15
29) (+41) + (-77) = -36
30) (-59) + (-28) = -87

DAY 56

1) (+31) - (+96) = -65
2) (+88) - (-15) = 103
3) (-29) - (+34) = -63
4) (+48) - (-2) = 50
5) (-95) - (+55) = -150
6) (+54) - (-58) = 112
7) (+72) - (+19) = 53
8) (+38) - (+24) = 14
9) (+37) - (-13) = 50
10) (-28) - (-15) = -13
11) (+75) - (-6) = 81
12) (-36) - (+22) = -58
13) (-92) - (-12) = -80
14) (+75) - (+8) = 67
15) (-76) - (-94) = 18
16) (-4) - (+99) = -103
17) (-81) - (-29) = -52
18) (+8) - (+62) = -54
19) (+16) - (-66) = 82
20) (-81) - (-71) = -10
21) (-39) - (+10) = -49
22) (-95) - (-61) = -34
23) (-5) - (+64) = -69
24) (-50) - (-95) = 45
25) (+93) - (+44) = 49
26) (-29) - (+33) = -62
27) (+34) - (+9) = 25
28) (+53) - (-24) = 77
29) (-71) - (-94) = 23
30) (+1) - (+14) = -13

DAY 57

1) (-65) + (-33) = -98
2) (+3) + (-74) = -71
3) (-2) + (+76) = 74
4) (+38) + (-15) = 23
5) (-57) + (+99) = 42
6) (+60) + (-49) = 11
7) (-78) + (+68) = -10
8) (-33) + (-96) = -129
9) (+98) + (+30) = 128
10) (-28) + (-66) = -94
11) (-42) + (-23) = -65
12) (-4) + (-69) = -73
13) (+63) + (+22) = 85
14) (-65) + (-69) = -134
15) (-13) + (+16) = 3
16) (+3) + (+22) = 25
17) (+70) + (-25) = 45
18) (-74) + (+15) = -59
19) (-24) + (-45) = -69
20) (+77) + (+5) = 82
21) (-34) + (+48) = 14
22) (+74) + (-30) = 44
23) (+58) + (+27) = 85
24) (-37) + (-96) = -133
25) (+71) + (+95) = 166
26) (+13) + (-82) = -69
27) (+45) + (+30) = 75
28) (-77) + (+1) = -76
29) (+39) + (+61) = 100
30) (+5) + (-33) = -28

DAY 58

1) (+45) - (-24) = 69
2) (+3) - (+60) = -57
3) (-19) - (+25) = -44
4) (-63) - (+55) = -118
5) (-78) - (-32) = -46
6) (-54) - (+48) = -102
7) (+20) - (+15) = 5
8) (-4) - (-93) = 89
9) (+90) - (+15) = 75
10) (+8) - (-21) = 29
11) (-17) - (+41) = -58
12) (+15) - (+91) = -76
13) (-7) - (+60) = -67
14) (+77) - (+76) = 1
15) (-45) - (-9) = -36
16) (+16) - (-61) = 77
17) (+16) - (-40) = 56
18) (+35) - (-55) = 90
19) (+79) - (-91) = 170
20) (+98) - (+50) = 48
21) (-1) - (-48) = 47
22) (+78) - (-96) = 174
23) (+80) - (+67) = 13
24) (-22) - (-20) = -2
25) (-78) - (+6) = -84
26) (-89) - (+38) = -127
27) (-50) - (-59) = 9
28) (-98) - (-12) = -86
29) (+23) - (+92) = -69
30) (-65) - (-70) = 5

DAY 59

1) -64 + 49 = -15
2) 85 + -28 = 57
3) -13 + -73 = -86
4) -83 + -89 = -172
5) 9 + 34 = 43
6) 68 + -10 = 58
7) -22 + 46 = 24
8) 81 + 48 = 129
9) -41 + 14 = -27
10) 53 + 44 = 97
11) 90 + 46 = 136
12) -96 + -94 = -190
13) -22 + -42 = -64
14) -98 + -15 = -113
15) 6 + -1 = 5
16) -16 + 68 = 52
17) 86 + -89 = -3
18) 97 + -91 = 6
19) -24 + 92 = 68
20) -98 + -97 = -195
21) 21 + 16 = 37
22) 11 + -20 = -9
23) -95 + 75 = -20
24) 84 + 73 = 157
25) -42 + -99 = -141
26) -99 + -92 = -191
27) 13 + -94 = -81
28) 94 + 23 = 117
29) -63 + 93 = 30
30) 6 + 38 = 44

DAY 60

1) -55 - 63 = -118
2) -33 - -3 = -30
3) 69 - 56 = 13
4) 1 - 61 = -60
5) -26 - -38 = 12
6) -94 - -32 = -62
7) 40 - -63 = 103
8) 66 - -83 = 149
9) 80 - -60 = 140
10) 98 - 90 = 8
11) -69 - -27 = -42
12) 93 - 97 = -4
13) -59 - 27 = -86
14) -86 - -3 = -83
15) -24 - -10 = -14
16) 26 - 25 = 1
17) 98 - 31 = 67
18) 68 - 38 = 30
19) -95 - -78 = -17
20) -4 - 99 = -103
21) 23 - -94 = 117
22) 29 - 0 = 29
23) -23 - -15 = -8
24) -21 - 65 = -86
25) -77 - 96 = -173
26) -63 - 23 = -86
27) 50 - -34 = 84
28) 86 - 82 = 4
29) -59 - 50 = -109
30) 92 - -17 = 109

DAY 61

1) -10 + 19 = 9
2) 12 + 65 = 77
3) -82 + -24 = -106
4) -86 + -46 = -132
5) -33 + -16 = -49
6) 61 + 8 = 69
7) 12 + 77 = 89
8) 59 + -47 = 12
9) 10 + -31 = -21
10) 18 + 92 = 110
11) 34 + 90 = 124
12) 4 + 44 = 48
13) 64 + -37 = 27
14) -22 + 55 = 33
15) -53 + -54 = -107
16) 23 + -48 = -25
17) -17 + -11 = -28
18) -19 + 39 = 20
19) 50 + -6 = 44
20) 89 + -39 = 50
21) 0 + 94 = 94
22) -49 + -37 = -86
23) 50 + 97 = 147
24) -3 + -40 = -43
25) -44 + -12 = -56
26) 3 + 76 = 79
27) 62 + -17 = 45
28) -7 + 30 = 23
29) -30 + 75 = 45
30) -20 + 10 = -10

DAY 62

1) -99 - -57 = -42
2) 60 - -48 = 108
3) 91 - -79 = 170
4) 10 - -82 = 92
5) -55 - -71 = 16
6) 53 - -60 = 113
7) -68 - 97 = -165
8) 38 - 10 = 28
9) -36 - -26 = -10
10) 62 - 6 = 56
11) 59 - 27 = 32
12) 99 - -51 = 150
13) -99 - 54 = -153
14) -39 - 51 = -90
15) -28 - -89 = 61
16) 51 - -71 = 122
17) 54 - 64 = -10
18) 50 - 29 = 21
19) -92 - -27 = -65
20) 47 - 84 = -37
21) 54 - 90 = -36
22) -35 - 11 = -46
23) -41 - -29 = -12
24) -33 - 27 = -60
25) -14 - -44 = 30
26) 75 - -62 = 137
27) -84 - 69 = -153
28) -56 - 24 = -80
29) -43 - -8 = -35
30) 64 - 57 = 7

DAY 63

1) 86 + 21 = 107
2) 35 + 12 = 47
3) 72 + -90 = -18
4) 38 + -65 = -27
5) 81 + 62 = 143
6) 56 + 45 = 101
7) 0 + -91 = -91
8) -3 + 86 = 83
9) 99 + -88 = 11
10) 5 + 47 = 52
11) -94 + 85 = -9
12) -32 + -24 = -56
13) -59 + -61 = -120
14) -95 + -65 = -160
15) 19 + -87 = -68
16) 1 + -28 = -27
17) -17 + -29 = -46
18) -33 + 84 = 51
19) 80 + -77 = 3
20) -8 + 91 = 83
21) 85 + 43 = 128
22) 54 + 89 = 143
23) -23 + 2 = -25
24) -9 + -24 = -33
25) -97 + 4 = -93
26) -96 + -56 = -152
27) -94 + -25 = -119
28) 96 + 70 = 166
29) -13 + 76 = 63
30) -96 + 18 = -78

DAY 64

1) -3 - 92 = -95
2) 88 - -51 = 139
3) 37 - -49 = 86
4) 29 - -38 = 67
5) -26 - -51 = 25
6) 3 - 5 = -2
7) 77 - -73 = 150
8) -40 - -12 = -28
9) -42 - -31 = -11
10) -84 - -40 = -44
11) 96 - -48 = 144
12) 20 - -13 = 33
13) 27 - 46 = -19
14) -47 - -48 = 1
15) 48 - -81 = 129
16) -55 - 94 = -149
17) -23 - 15 = -38
18) -64 - 55 = -119
19) 4 - 48 = -44
20) -50 - 45 = -95
21) 50 - 10 = 40
22) -1 - 98 = -99
23) -30 - -41 = 11
24) 43 - 0 = 43
25) 4 - 49 = -45
26) 37 - 44 = -7
27) -27 - 69 = -96
28) -77 - -87 = 10
29) -15 - -87 = 72
30) 16 - 8 = 8

DAY 65

1) 85 + -31 = 54
2) 76 + -63 = 13
3) -3 + -16 = -19
4) -70 + 74 = 4
5) -4 + 5 = 1
6) 68 + -91 = -23
7) 89 + -67 = 22
8) -43 + -33 = -76
9) -67 + 58 = -9
10) 79 + 12 = 91
11) 99 + 25 = 124
12) -9 + -14 = -23
13) 25 + 0 = 25
14) -42 + -33 = -75
15) -69 + 37 = -32
16) 47 + 20 = 67
17) 4 + 80 = 84
18) -8 + -88 = -96
19) -64 + -31 = -95
20) 27 + 88 = 115
21) -98 + -9 = -107
22) -40 + -80 = -120
23) 11 + -74 = -63
24) -58 + 85 = 27
25) -30 + 0 = -30
26) -51 + 36 = -15
27) 93 + -56 = 37
28) 69 + 42 = 111
29) 31 + -76 = -45
30) 57 + 46 = 103

DAY 66

1) 21 - -96 = 117
2) -7 - -28 = 21
3) 17 - 98 = -81
4) -16 - -99 = 83
5) -43 - -16 = -27
6) -23 - 66 = -89
7) 42 - -11 = 53
8) 12 - 37 = -25
9) 62 - 53 = 9
10) 46 - -43 = 89
11) -70 - 21 = -91
12) -59 - 24 = -83
13) 85 - 3 = 82
14) -77 - 65 = -142
15) -43 - -23 = -20
16) -74 - -58 = -16
17) 84 - -90 = 174
18) -68 - -78 = 10
19) -40 - 85 = -125
20) 46 - -13 = 59
21) 35 - 81 = -46
22) -79 - 2 = -81
23) -55 - -55 = 0
24) -66 - 98 = -164
25) 18 - 34 = -16
26) 3 - 14 = -11
27) 58 - 35 = 23
28) 6 - -76 = 82
29) 93 - -57 = 150
30) -30 - -30 = 0

DAY 67

1) 74 + -5 = 69
2) 14 + -21 = -7
3) -79 + 34 = -45
4) -1 + 96 = 95
5) 72 + 52 = 124
6) 69 + 37 = 106
7) -9 + 77 = 68
8) 41 + 56 = 97
9) 97 + 65 = 162
10) 78 + -90 = -12
11) -76 + -33 = -109
12) 49 + 11 = 60
13) 64 + -5 = 59
14) 9 + -7 = 2
15) 44 + 42 = 86
16) 17 + -41 = -24
17) 80 + 83 = 163
18) -55 + 8 = -47
19) -30 + -68 = -98
20) -44 + -84 = -128
21) -48 + 66 = -114
22) -98 + 33 = -65
23) -29 + -88 = -117
24) 45 + -60 = -15
25) -99 + -97 = -196
26) -96 + 68 = -28
27) -78 + -89 = -167
28) 78 + 12 = 90
29) -38 + 45 = -83
30) -62 + 17 = -45

DAY 68

1) -29 - 4 = -33
2) 84 - 33 = 51
3) 93 - 25 = 68
4) -96 - 74 = -170
5) 22 - 60 = -38
6) -24 - 78 = -102
7) 88 - -62 = 150
8) -76 - -22 = -54
9) -44 - -40 = -4
10) -99 - -50 = -49
11) 58 - -72 = 130
12) -13 - 36 = -49
13) -26 - -48 = 22
14) 90 - -60 = 150
15) 41 - -15 = 56
16) 34 - -35 = 69
17) -95 - 75 = -170
18) -81 - 9 = -90
19) -83 - -19 = -64
20) -61 - -74 = 13
21) -80 - -43 = -37
22) 88 - -44 = 132
23) -53 - 45 = -98
24) 73 - 31 = 42
25) 4 - 30 = -26
26) 75 - 80 = -5
27) 52 - 25 = 27
28) 47 - 86 = -39
29) 81 - -5 = 86
30) -55 - -60 = 5

DAY 69

1) -51 + 96 = 45
2) 66 + -42 = 24
3) 94 + 64 = 158
4) 41 + -78 = -37
5) -60 + -94 = -154
6) -47 + -70 = -117
7) -14 + -53 = -67
8) -26 + 83 = 57
9) 31 + -60 = -29
10) 63 + 58 = 121
11) -44 + -82 = -126
12) -61 + 84 = 23
13) 76 + -86 = -10
14) 57 + -70 = -13
15) 91 + 63 = 154
16) 58 + -20 = 38
17) 76 + 28 = 104
18) 1 + -78 = -77
19) 97 + 27 = 124
20) -84 + -30 = -114
21) -36 + 44 = 8
22) -38 + -64 = -102
23) -15 + 73 = 58
24) 35 + 87 = 122
25) -66 + 8 = -58
26) 26 + 84 = 110
27) -93 + -15 = -108
28) 7 + 18 = 25
29) -26 + 47 = 21
30) -46 + -69 = -115

DAY 70

1) 69 - 82 = -13
2) 66 - -92 = 158
3) 92 - -96 = 188
4) -82 - -20 = -62
5) 54 - 43 = 11
6) 13 - -74 = 87
7) -99 - -90 = -9
8) -68 - 69 = -137
9) -57 - 29 = -86
10) -4 - -81 = 77
11) -29 - 86 = -115
12) -94 - 63 = -157
13) -31 - 88 = -119
14) 61 - 96 = -35
15) -87 - 42 = -129
16) -37 - 18 = -55
17) 67 - 36 = 31
18) 81 - -91 = 172
19) 42 - 95 = -53
20) -99 - -18 = -81
21) -46 - -21 = -25
22) -77 - -18 = -59
23) 22 - 63 = -41
24) 94 - 67 = 27
25) 41 - -16 = 57
26) 66 - -12 = 78
27) -50 - -95 = 45
28) 90 - 67 = 23
29) 53 - -81 = 134
30) -73 - -84 = 11

DAY 71

1) (+58) x (+79) = 4582
2) (+14) x (+24) = 336
3) (+45) x (+52) = 2340
4) (0) x (-55) = 0
5) (+69) x (+59) = 4071
6) (-70) x (+87) = -6090
7) (+77) x (-2) = -154
8) (-45) x (-4) = 180
9) (-90) x (-4) = 360
10) (-88) x (+41) = -3608
11) (+16) x (-19) = -304
12) (+62) x (+16) = 992
13) (-24) x (+5) = -120
14) (+23) x (+85) = 1955
15) (+79) x (+69) = 5451
16) (+11) x (+20) = 220
17) (-96) x (-28) = 2688
18) (-43) x (-16) = 688
19) (+6) x (+91) = 546
20) (-15) x (+77) = -1155
21) (-9) x (-26) = 234
22) (+78) x (+88) = 6864
23) (+1) x (+8) = 8
24) (+60) x (-97) = -5820
25) (+96) x (-31) = -2976
26) (+83) x (+5) = 415
27) (+19) x (0) = 0
28) (+95) x (+6) = 570
29) (-69) x (+18) = -1242
30) (+94) x (+45) = 4230

DAY 72

1) (-1710) ÷ (-19) = 90
2) (-21) ÷ (+3) = -7
3) (+1273) ÷ (+67) = 19
4) (-3136) ÷ (+49) = -64
5) (+688) ÷ (+8) = 86
6) (+4224) ÷ (+88) = 48
7) (-2408) ÷ (-56) = 43
8) (+1575) ÷ (+25) = 63
9) (+630) ÷ (-14) = -45
10) (+1450) ÷ (-29) = -50
11) (+7575) ÷ (+101) = 75
12) (+432) ÷ (-36) = -12
13) (-2790) ÷ (+62) = -45
14) (+396) ÷ (+4) = 99
15) (+5070) ÷ (+65) = 78
16) (-165) ÷ (+15) = -11
17) (+2808) ÷ (-54) = -52
18) (+882) ÷ (+21) = 42
19) (+2394) ÷ (+38) = 63
20) (+595) ÷ (-17) = -35
21) (+776) ÷ (+97) = 8
22) (+5922) ÷ (+94) = 63
23) (+5478) ÷ (-83) = -66
24) (+3360) ÷ (+60) = 56
25) (+2254) ÷ (+23) = 98
26) (+4488) ÷ (+66) = 68
27) (-1056) ÷ (+22) = -48
28) (+1440) ÷ (+20) = 72
29) (+2480) ÷ (+80) = 31
30) (+3672) ÷ (+51) = 72

DAY 73

1) (+39) x (0) = 0
2) (+36) x (-43) = -1548
3) (-83) x (+69) = -5727
4) (+70) x (+41) = 2870
5) (-40) x (+3) = -120
6) (+69) x (+24) = 1656
7) (+93) x (-49) = -4557
8) (-4) x (+60) = -240
9) (+82) x (-90) = -7380
10) (-97) x (+18) = -1746
11) (+13) x (-47) = -611
12) (-68) x (+57) = -3876
13) (+96) x (0) = 0
14) (-46) x (+2) = -92
15) (+78) x (-19) = -1482
16) (-51) x (+95) = -4845
17) (+57) x (-67) = -3819
18) (-11) x (+5) = -55
19) (-46) x (+81) = -3726
20) (-41) x (-99) = 4059
21) (+88) x (+73) = 6424
22) (+57) x (+13) = 741
23) (+82) x (+76) = 6232
24) (+70) x (+18) = 1260
25) (-62) x (-95) = 5890
26) (+36) x (+15) = 540
27) (+97) x (-92) = -8924
28) (+67) x (+47) = 3149
29) (+6) x (-18) = -108
30) (+86) x (+75) = 6450

DAY 74

1) (-3763) ÷ (-71) = 53
2) (-2940) ÷ (-49) = 60
3) (-352) ÷ (-11) = 32
4) (-7350) ÷ (+98) = -75
5) (-5040) ÷ (-63) = 80
6) (-3234) ÷ (+66) = -49
7) (+1617) ÷ (+77) = 21
8) (+1200) ÷ (+25) = 48
9) (+105) ÷ (-3) = -35
10) (-1088) ÷ (+64) = -17
11) (-6039) ÷ (-99) = 61
12) (+7760) ÷ (+80) = 97
13) (-3552) ÷ (-37) = 96
14) (+1602) ÷ (+18) = 89
15) (-4920) ÷ (+82) = -60
16) (-3465) ÷ (-63) = 55
17) (+918) ÷ (+34) = 27
18) (-3034) ÷ (-74) = 41
19) (+360) ÷ (+5) = 72
20) (+1025) ÷ (+41) = 25
21) (+540) ÷ (+10) = 54
22) (+2430) ÷ (+30) = 81
23) (-4020) ÷ (+60) = -67
24) (-8514) ÷ (+86) = -99
25) (+2250) ÷ (+50) = 45
26) (+1855) ÷ (+53) = 35
27) (+1656) ÷ (+46) = 36
28) (-6552) ÷ (+72) = -91
29) (+8428) ÷ (+98) = 86
30) (+780) ÷ (+30) = 26

DAY 75

1) (-22) x (-96) = 2112
2) (+9) x (+77) = 693
3) (-62) x (+72) = -4464
4) (+34) x (+18) = 612
5) (+8) x (-74) = -592
6) (+65) x (+22) = 1430
7) (-28) x (+41) = -1148
8) (-81) x (-23) = 1863
9) (-59) x (-22) = 1298
10) (+86) x (+89) = 7654
11) (-33) x (+56) = -1848
12) (-43) x (+88) = -3784
13) (-80) x (-39) = 3120
14) (+59) x (-89) = -5251
15) (+28) x (+79) = 2212
16) (-6) x (+28) = -168
17) (+40) x (+4) = 160
18) (+59) x (+10) = 590
19) (-92) x (-5) = 460
20) (-64) x (+34) = -2176
21) (+60) x (-1) = -60
22) (-24) x (+5) = -120
23) (+4) x (0) = 0
24) (+34) x (+10) = 340
25) (+82) x (-48) = -3936
26) (-49) x (-4) = 196
27) (+49) ÷ (+96) = 4704
28) (-88) x (+75) = -6600
29) (+55) x (+75) = 4125
30) (-57) x (+65) = -3705

DAY 76

1) (+240) ÷ (+24) = 10
2) (+1452) ÷ (+33) = 44
3) (+1064) ÷ (+28) = 38
4) (-564) ÷ (+47) = -12
5) (-1140) ÷ (+19) = -60
6) (-520) ÷ (+52) = -10
7) (+195) ÷ (-65) = -3
8) (-275) ÷ (+11) = -25
9) (+1802) ÷ (+34) = 53
10) (-5320) ÷ (-76) = 70
11) (+4352) ÷ (+68) = 64
12) (-2263) ÷ (+73) = -31
13) (+9595) ÷ (-95) = -101
14) (-231) ÷ (-77) = 3
15) (+913) ÷ (+83) = 11
16) (+2112) ÷ (+96) = 22
17) (+430) ÷ (+86) = 5
18) (+2700) ÷ (+45) = 60
19) (+930) ÷ (+93) = 10
20) (+264) ÷ (+88) = 3
21) (+2457) ÷ (+27) = 91
22) (+2300) ÷ (+25) = 92
23) (+168) ÷ (-7) = -24
24) (+5610) ÷ (+85) = 66
25) (+1380) ÷ (-46) = -30
26) (+7470) ÷ (+83) = 90
27) (+420) ÷ (+6) = 70
28) (-384) ÷ (-6) = 64
29) (+1292) ÷ (+19) = 68
30) (-27) ÷ (-3) = 9

DAY 77

1) (+77) x (+62) = 4774
2) (-62) x (-41) = 2542
3) (+45) x (-21) = -945
4) (-74) x (-45) = 3330
5) (-59) x (+54) = -3186
6) (+14) x (-40) = -560
7) (+34) x (+67) = 2278
8) (-14) x (-63) = 882
9) (+41) x (+99) = 4059
10) (-76) x (-49) = 3724
11) (+28) x (+13) = 364
12) (+75) x (+67) = 5025
13) (-65) x (-97) = 6305
14) (+31) x (+23) = 713
15) (+83) x (+80) = 6640
16) (+48) x (-42) = -2016
17) (+5) x (-23) = -115
18) (+94) x (+22) = 2068
19) (+15) x (+77) = 1155
20) (+38) x (+32) = 1216
21) (+82) x (-79) = -6478
22) (+21) x (+21) = 441
23) (+95) x (+72) = 6840
24) (+14) x (+16) = 224
25) (+55) x (+45) = 2475
26) (+21) x (-52) = -1092
27) (-79) x (+4) = -316
28) (-57) x (-20) = 1140
29) (+28) x (+86) = 2408
30) (+56) x (+75) = 4200

DAY 78

1) (+240) ÷ (+24) = 10
2) (+1452) ÷ (+33) = 44
3) (+1064) ÷ (+28) = 38
4) (-564) ÷ (+47) = -12
5) (-1140) ÷ (+19) = -60
6) (-520) ÷ (+52) = -10
7) (+195) ÷ (-65) = -3
8) (-275) ÷ (+11) = -25
9) (+1802) ÷ (+34) = 53
10) (-5320) ÷ (-76) = 70
11) (+4352) ÷ (+68) = 64
12) (-2263) ÷ (+73) = -31
13) (+9595) ÷ (-95) = -101
14) (-231) ÷ (-77) = 3
15) (+913) ÷ (+83) = 11
16) (+2112) ÷ (+96) = 22
17) (+430) ÷ (+86) = 5
18) (+2700) ÷ (+45) = 60
19) (+930) ÷ (+93) = 10
20) (+264) ÷ (+88) = 3
21) (+2457) ÷ (+27) = 91
22) (+2300) ÷ (+25) = 92
23) (+168) ÷ (-7) = -24
24) (+5610) ÷ (+85) = 66
25) (+1380) ÷ (-46) = -30
26) (+7470) ÷ (+83) = 90
27) (+420) ÷ (+6) = 70
28) (-384) ÷ (-6) = 64
29) (+1292) ÷ (+19) = 68
30) (-27) ÷ (-3) = 9

DAY 79

1) (+15) x (+25) = 375
2) (+68) x (+17) = 1156
3) (-22) x (+59) = -1298
4) (-75) x (-30) = 2250
5) (-65) x (+77) = -5005
6) (-15) x (+80) = -1200
7) (+99) x (-29) = -2871
8) (+53) x (+10) = 530
9) (-61) x (-11) = 671
10) (-42) x (+75) = -3150
11) (-32) x (+61) = -1952
12) (-63) x (+98) = -6174
13) (-18) x (-94) = 1692
14) (-65) x (+12) = -780
15) (+79) x (+76) = 6004
16) (-90) x (+21) = -1890
17) (-50) x (-97) = 4850
18) (+62) x (+40) = 2480
19) (+39) x (+34) = 1326
20) (-69) x (-18) = 1242
21) (-5) x (-79) = 395
22) (+94) x (+89) = 8366
23) (+66) x (+17) = 1122
24) (+58) x (+37) = 2146
25) (+90) x (-51) = -4590
26) (+47) x (+30) = 1410
27) (+30) x (+77) = 2310
28) (+14) x (+74) = 1036
29) (+97) x (+24) = 2328
30) (-62) x (-77) = 4774

DAY 80

1) (+1344) ÷ (+96) = 14
2) (-395) ÷ (+5) = -79
3) (-1606) ÷ (-22) = 73
4) (+1045) ÷ (+11) = 95
5) (+2760) ÷ (+60) = 46
6) (-3160) ÷ (-40) = 79
7) (-1909) ÷ (+83) = -23
8) (+544) ÷ (+8) = 68
9) (+3224) ÷ (-62) = -52
10) (+608) ÷ (+16) = 38
11) (+3348) ÷ (+36) = 93
12) (+833) ÷ (+49) = 17
13) (+3397) ÷ (+79) = 43
14) (-1368) ÷ (-38) = 36
15) (-2703) ÷ (+51) = -53
16) (-1364) ÷ (+62) = -22
17) (-9400) ÷ (+100) = -94
18) (+24) ÷ (+2) = 12
19) (+600) ÷ (+12) = 50
20) (+900) ÷ (+10) = 90
21) (-1829) ÷ (-59) = 31
22) (-3330) ÷ (+74) = -45
23) (+5200) ÷ (+65) = 80
24) (-2464) ÷ (-32) = 77
25) (-108) ÷ (+54) = -2
26) (+480) ÷ (-12) = -40
27) (+644) ÷ (+7) = 92
28) (+656) ÷ (+41) = 16
29) (+1961) ÷ (+37) = 53
30) (-104) ÷ (+13) = -8

DAY 81

1) -32 x 91 = -2912
2) 73 x -72 = -5256
3) 2 x 67 = 134
4) 51 x 56 = 2856
5) -1 x 58 = -58
6) 71 x 78 = 5538
7) -26 x 68 = -1768
8) -50 x 27 = -1350
9) 30 x 88 = 2640
10) 31 x 24 = 744
11) 39 x 78 = 3042
12) -40 x -18 = 720
13) 7 x 97 = 679
14) -42 x 72 = -3024
15) 5 x 61 = 305
16) 78 x 62 = 4836
17) 10 x 12 = 120
18) -75 x 60 = -4500
19) -72 x -71 = 5112
20) 39 x -92 = -3588
21) 51 x 56 = 2856
22) -6 x 35 = -210
23) 93 x 50 = 4650
24) 94 x -26 = -2444
25) 91 x -16 = -1456
26) -53 x 24 = -1272
27) 80 x 62 = 4960
28) -79 x 18 = -1422
29) 76 x 80 = 6080
30) 12 x 25 = 300

DAY 82

1) -2394 ÷ 57 = -42
2) 1092 ÷ 21 = 52
3) 1728 ÷ 36 = 48
4) -130 ÷ -5 = 26
5) -585 ÷ 13 = -45
6) 5828 ÷ 62 = 94
7) 355 ÷ 5 = 71
8) -250 ÷ -5 = 50
9) 8245 ÷ 97 = 85
10) -2106 ÷ 78 = -27
11) 5934 ÷ 69 = 86
12) 1600 ÷ 25 = 64
13) 2940 ÷ 30 = 98
14) 78 ÷ 3 = 26
15) -1590 ÷ 30 = -53
16) -3422 ÷ 59 = -58
17) 416 ÷ -26 = -16
18) 2204 ÷ 38 = 58
19) -3731 ÷ -91 = 41
20) 1539 ÷ 19 = 81
21) 1400 ÷ -28 = -50
22) 2280 ÷ -40 = -57
23) -9310 ÷ -95 = 98
24) 4712 ÷ -76 = -62
25) 1360 ÷ 20 = 68
26) 702 ÷ 39 = 18
27) 1003 ÷ 17 = 59
28) -1961 ÷ -53 = 37
29) 1608 ÷ -24 = -67
30) 5904 ÷ 82 = 72

DAY 83

1) 59 x 27 = 1593
2) 22 x 71 = 1562
3) 30 x 24 = 720
4) 88 x -29 = -2552
5) -4 x -27 = 108
6) 41 x -73 = -2993
7) 52 x -55 = -2860
8) -99 x 1 = -99
9) 21 x 32 = 672
10) 52 x 39 = 2028
11) 29 x 6 = 174
12) -48 x -30 = 1440
13) 12 x 27 = 324
14) 12 x 35 = 420
15) -38 x 88 = -3344
16) 70 x -71 = -4970
17) 47 x 93 = 4371
18) 67 x -65 = -4355
19) 83 x 45 = 3735
20) -93 x -99 = 9207
21) 33 x 10 = 330
22) 99 x 28 = 2772
23) -30 x 72 = -2160
24) 33 x 25 = 825
25) 53 x -48 = -2544
26) 94 x 15 = 1410
27) 99 x 84 = 8316
28) -93 x -70 = 6510
29) 24 x -40 = -960
30) -97 x -24 = 2328

DAY 84

1) -3320 ÷ -40 = 83
2) -341 ÷ -11 = 31
3) 3362 ÷ 41 = 82
4) 1000 ÷ 20 = 50
5) 232 ÷ 4 = 58
6) 5246 ÷ 86 = 61
7) 5760 ÷ 80 = 72
8) 3068 ÷ 52 = 59
9) 1764 ÷ 28 = 63
10) 2064 ÷ 24 = 86
11) -213 ÷ 3 = -71
12) 5170 ÷ 55 = 94
13) 7304 ÷ 83 = 88
14) 4400 ÷ 44 = 100
15) 1500 ÷ -30 = -50
16) -380 ÷ -20 = 19
17) 1134 ÷ 54 = 21
18) 3240 ÷ 40 = 81
19) 4745 ÷ 73 = 65
20) 544 ÷ 34 = 16
21) 1638 ÷ 21 = 78
22) -150 ÷ 15 = -10
23) 1971 ÷ 27 = 73
24) 4307 ÷ -73 = -59
25) 672 ÷ 24 = 28
26) 676 ÷ 52 = 13
27) -1488 ÷ 16 = -93
28) 4512 ÷ -48 = -94
29) 220 ÷ 10 = 22
30) -637 ÷ 7 = -91

DAY 85

1) -68 x 25 = -1700
2) 38 x 88 = 3344
3) 47 x 94 = 4418
4) 92 x -60 = -5520
5) 85 x 79 = 6715
6) -1 x 47 = -47
7) -47 x -79 = 3713
8) 98 x 3 = 294
9) 86 x 59 = 5074
10) -86 x -62 = 5332
11) -50 x 35 = -1750
12) -4 x -53 = 212
13) -63 x -44 = 2772
14) 45 x -65 = -2925
15) -6 x -98 = 588
16) 94 x -54 = -5076
17) 28 x 3 = 84
18) -1 x -7 = 7
19) 1 x 99 = 99
20) 78 x -14 = -1092
21) 92 x 29 = 2668
22) 12 x -40 = -480
23) 20 x 3 = 60
24) -24 x 47 = -1128
25) 45 x 57 = 2565
26) 71 x 35 = 2485
27) 54 x -11 = -594
28) 75 x -65 = -4875
29) 29 x 55 = 1595
30) -75 x 28 = -2100

DAY 86

1) -2300 ÷ -92 = 25
2) 6076 ÷ -62 = -98
3) -2210 ÷ -85 = 26
4) 1320 ÷ 24 = 55
5) -7650 ÷ 90 = -85
6) 5586 ÷ 98 = 57
7) 169 ÷ 13 = 13
8) -120 ÷ -3 = 40
9) 495 ÷ 15 = 33
10) 228 ÷ 76 = 3
11) 125 ÷ 5 = 25
12) 392 ÷ 14 = 28
13) -5049 ÷ -51 = 99
14) -105 ÷ -7 = 15
15) -336 ÷ 48 = -7
16) 7298 ÷ -82 = -89
17) -4290 ÷ 78 = -55
18) 2886 ÷ -37 = -78
19) -5046 ÷ 58 = -87
20) 3485 ÷ 41 = 85
21) -2900 ÷ -58 = 50
22) 166 ÷ 83 = 2
23) -6097 ÷ 67 = -91
24) 1034 ÷ 22 = 47
25) -108 ÷ -3 = 36
26) -204 ÷ 3 = -68
27) -584 ÷ -73 = 8
28) -184 ÷ -4 = 46
29) 1034 ÷ -11 = -94
30) 4611 ÷ 87 = 53

DAY 87

1) 6 x -56 = -336
2) 61 x 37 = 2257
3) 51 x -50 = -2550
4) 18 x 66 = 1188
5) -54 x 65 = -3510
6) -64 x 15 = -960
7) 55 x 52 = 2860
8) -2 x 66 = -132
9) 26 x 45 = 1170
10) -19 x 81 = -1539
11) 40 x 34 = 1360
12) -67 x -55 = 3685
13) 28 x 18 = 504
14) 96 x -15 = -1440
15) 8 x -66 = -528
16) 10 x 80 = 800
17) 82 x 5 = 410
18) 54 x -50 = -2700
19) 40 x 70 = 2800
20) -27 x 34 = -918
21) -5 x 55 = -275
22) 9 x 51 = 459
23) 58 x 65 = 3770
24) 39 x 98 = 3822
25) 88 x 71 = 6248
26) -30 x 34 = -1020
27) 43 x 57 = 2451
28) -15 x -37 = 555
29) 68 x 94 = 6392
30) 13 x 17 = 221

DAY 88

1) -1156 ÷ 68 = -17
2) 2444 ÷ -47 = -52
3) 134 ÷ 2 = 67
4) 475 ÷ 5 = 95
5) -594 ÷ 99 = -6
6) -228 ÷ -76 = 3
7) 1890 ÷ -42 = -45
8) 2170 ÷ 70 = 31
9) -1326 ÷ 34 = -39
10) -2030 ÷ 35 = -58
11) -6156 ÷ 76 = -81
12) 2700 ÷ 60 = 45
13) 3744 ÷ 39 = 96
14) 2552 ÷ 44 = 58
15) 300 ÷ 25 = 12
16) -35 ÷ -7 = 5
17) 5472 ÷ 72 = 76
18) 473 ÷ -43 = -11
19) -88 ÷ 8 = -11
20) -72 ÷ 6 = -12
21) -960 ÷ 12 = -80
22) 4620 ÷ 70 = 66
23) 4080 ÷ 80 = 51
24) -1062 ÷ 59 = -18
25) -6806 ÷ -82 = 83
26) 8400 ÷ -84 = -100
27) -286 ÷ 26 = -11
28) 3752 ÷ 67 = 56
29) -555 ÷ 37 = -15
30) -800 ÷ -8 = 100

DAY 89

1) -79 x 55 = -4345
2) 18 x -75 = -1350
3) 26 x 76 = 1976
4) -6 x 52 = -312
5) 40 x -49 = -1960
6) 21 x -28 = -588
7) 72 x -58 = -4176
8) 71 x 73 = 5183
9) 87 x 73 = 6351
10) 77 x 10 = 770
11) -3 x 87 = -261
12) -80 x 97 = -7760
13) 31 x 79 = 2449
14) 24 x 94 = 2256
15) 31 x -84 = -2604
16) -96 x 0 = 0
17) -43 x 43 = -1849
18) 15 x 63 = 945
19) -60 x 13 = -780
20) 74 x 28 = 2072
21) 67 x -22 = -1474
22) -19 x -15 = 285
23) 74 x 46 = 3404
24) 9 x -59 = -531
25) -17 x 4 = -68
26) 34 x 10 = 340
27) 72 x 85 = 6120
28) -89 x 25 = -2225
29) 80 x 16 = 1280
30) 94 x 40 = 3760

DAY 90

1) -4104 ÷ -57 = 72
2) -5840 ÷ 73 = -80
3) 4940 ÷ -52 = -95
4) -3030 ÷ -30 = 101
5) -819 ÷ -39 = 21
6) 1372 ÷ 49 = 28
7) 1792 ÷ 32 = 56
8) 600 ÷ 100 = 6
9) 258 ÷ 86 = 3
10) 338 ÷ 26 = 13
11) 2590 ÷ 74 = 35
12) -2432 ÷ 76 = -32
13) 140 ÷ 5 = 28
14) 962 ÷ 37 = 26
15) -444 ÷ -74 = 6
16) -5762 ÷ 67 = -86
17) 2277 ÷ -23 = -99
18) 1525 ÷ 25 = 61
19) 6000 ÷ 80 = 75
20) 4096 ÷ 64 = 64
21) 2940 ÷ -70 = -42
22) -2738 ÷ -74 = 37
23) 7254 ÷ 78 = 93
24) 650 ÷ 25 = 26
25) -1410 ÷ -47 = 30
26) 2844 ÷ -79 = -36
27) -840 ÷ -40 = 21
28) -2100 ÷ -30 = 70
29) 910 ÷ 65 = 14
30) -1584 ÷ 44 = -36

DAY 91

1) (-84) + (+22) = -62
2) (-112) ÷ (+7) = -16
3) (+75) - (+41) = 34
4) (+8536) ÷ (+88) = 97
5) (+6) + (+27) = 33
6) (-71) - (+24) = -95
7) (+20) - (-54) = 74
8) (-15) x (-26) = 390
9) (-41) x (-25) = 1025
10) (+73) + (-67) = 6
11) (-95) + (-94) = -189
12) (-2926) ÷ (+38) = -77
13) (+756) ÷ (-27) = -28
14) (+73) x (+42) = 3066
15) (-64) x (+70) = -4480
16) (+60) - (+35) = 25
17) (+77) - (-63) = 140
18) (-26) x (+12) = -312
19) (+36) + (-81) = -45
20) (+5) - (-58) = 63
21) (+59) x (-72) = -4248
22) (+76) x (+25) = 1900
23) (+960) ÷ (+96) = 10
24) (+28) - (-99) = 127
25) (+150) ÷ (+5) = 30
26) (+49) + (+62) = 111
27) (+74) x (+49) = 3626
28) (-85) + (+12) = -73
29) (+1824) ÷ (+19) = 96
30) (-45) + (+33) = -12

DAY 92

1) (-22) + (+74) = 52
2) (-152) ÷ (-8) = 19
3) (+50) - (-16) = 66
4) (+1050) ÷ (+70) = 15
5) (+15) - (+15) = 0
6) (+2650) ÷ (+53) = 50
7) (+86) - (-42) = 128
8) (+44) + (+26) = 70
9) (+2030) ÷ (+29) = 70
10) (+30) x (+72) = 2160
11) (+4) x (-28) = -112
12) (-35) - (-50) = 15
13) (+13) - (+26) = -13
14) (-23) + (+33) = 10
15) (+4080) ÷ (+60) = 68
16) (+92) x (+46) = 4232
17) (-76) + (-84) = -160
18) (+22) x (+5) = 110
19) (+19) - (+48) = -29
20) (+5670) ÷ (+63) = 90
21) (+4158) ÷ (-99) = -42
22) (-86) - (+36) = -122
23) (+1938) ÷ (+51) = 38
24) (+29) x (-71) = -2059
25) (+15) x (+32) = 480
26) (+74) x (-50) = -3700
27) (-14) + (+22) = 8
28) (+39) + (-16) = 23
29) (+34) + (-57) = -23
30) (+2) - (-89) = 91

DAY 93

1) (-59) - (-31) = -28
2) (+276) ÷ (+92) = 3
3) (-30) x (+22) = -660
4) (+95) - (-67) = 162
5) (+9) - (-5) = 14
6) (+112) ÷ (-56) = -2
7) (+98) + (-23) = 75
8) (+16) + (+12) = 28
9) (-24) x (+96) = -2304
10) (+23) + (+53) = 76
11) (-83) + (+57) = -26
12) (+96) + (+95) = 191
13) (+4) x (+3) = 12
14) (-1862) ÷ (+98) = -19
15) (-43) - (+94) = -137
16) (+91) x (+64) = 5824
17) (+77) + (+68) = 145
18) (-5796) ÷ (+84) = -69
19) (-96) - (+88) = -184
20) (+94) - (+56) = 38
21) (+86) + (+96) = 182
22) (+82) - (+7) = 75
23) (-3080) ÷ (-55) = 56
24) (-1891) ÷ (-31) = 61
25) (-630) ÷ (+42) = -15
26) (-64) x (-4) = 256
27) (+28) x (-65) = -1820
28) (-59) x (-69) = 4071
29) (-539) ÷ (+11) = -49
30) (+38) - (-66) = 104

DAY 94

1) (+9) + (+73) = 82
2) (+24) x (+58) = 1392
3) (+89) + (+2) = 91
4) (-4180) ÷ (-44) = 95
5) (+6) + (+80) = 86
6) (+11) x (+53) = 583
7) (+308) ÷ (+4) = 77
8) (+19) + (+10) = 29
9) (+91) x (+48) = 4368
10) (+2970) ÷ (+54) = 55
11) (+94) - (+4) = 90
12) (+55) x (-86) = -4730
13) (+7) - (-94) = 101
14) (+61) + (+56) = 117
15) (+72) x (-63) = -4536
16) (-4050) ÷ (-75) = 54
17) (-8) - (+47) = -55
18) (+74) - (-8) = 82
19) (+40) + (+26) = 66
20) (-71) - (+95) = -166
21) (+51) + (+35) = 86
22) (+2754) ÷ (-34) = -81
23) (+55) - (+97) = -42
24) (+83) x (-16) = -1328
25) (+28) x (+91) = 2548
26) (+6970) ÷ (+85) = 82
27) (+16) x (-45) = -720
28) (+49) - (-52) = 101
29) (+21) + (+58) = 79
30) (+342) ÷ (+38) = 9

DAY 95

1) 94 x -14 = -1316
2) 42 + -98 = -56
3) -4399 ÷ -83 = 53
4) 85 - 34 = 51
5) -56 - -56 = 0
6) -68 - 16 = -84
7) 2 + -94 = -92
8) -2100 ÷ -70 = 30
9) -13 - 85 = -98
10) -80 + 91 = 11
11) -15 - -69 = 54
12) 39 x 57 = 2223
13) 252 ÷ 14 = 18
14) 85 + 23 = 108
15) -4760 ÷ 56 = -85
16) 5256 ÷ 73 = 72
17) 16 + -81 = -65
18) 35 + -59 = -24
19) 38 x -75 = -2850
20) 66 x 99 = 6534
21) 45 x -86 = -3870
22) 46 x -63 = -2898
23) 81 x 22 = 1782
24) 64 x -47 = -3008
25) 3 + 4 = 7
26) 450 ÷ 75 = 6
27) 48 - -82 = 130
28) 8 - -97 = 105
29) -119 ÷ 7 = -17
30) 3 + 42 = 45

DAY 96

1) 39 - 28 = 11
2) 41 x -68 = -2788
3) -224 ÷ -32 = 7
4) 27 - 67 = -40
5) -3540 ÷ -59 = 60
6) -62 - -3 = -59
7) -2380 ÷ -35 = 68
8) 94 - 55 = 39
9) 93 x 38 = 3534
10) -98 + -96 = -194
11) 756 ÷ 18 = 42
12) 83 + 85 = 168
13) -23 x 36 = -828
14) 34 x 31 = 1054
15) -93 + -85 = -178
16) -1444 ÷ 19 = -76
17) 12 + 44 = 56
18) 84 x 25 = 2100
19) 11 + 99 = 110
20) 17 + 94 = 111
21) 6 + -93 = -87
22) -24 - -97 = 73
23) 53 + -83 = -30
24) 46 - -79 = 125
25) 90 - -82 = 172
26) 75 x 37 = 2775
27) 87 - -43 = 130
28) 87 x 91 = 7917
29) 81 x -98 = -7938
30) 1160 ÷ 20 = 58

DAY 97

1) -83 x 32 = -2656
2) 43 + -3 = 40
3) -49 - -10 = -39
4) 2881 ÷ 43 = 67
5) -574 ÷ 82 = -7
6) -53 - 94 = -147
7) 14 + 14 = 28
8) -70 - 91 = -161
9) 34 x -81 = -2754
10) 85 + -35 = 50
11) 2 x 80 = 160
12) -82 x 68 = -5576
13) 72 x 26 = 1872
14) 72 x -95 = -6840
15) -546 ÷ 13 = -42
16) 28 + 27 = 55
17) 35 - 71 = -36
18) -5 x -85 = 425
19) 5 + -95 = -90
20) 96 + 75 = 171
21) -24 - 31 = -55
22) -24 - 66 = -90
23) -23 - -83 = 60
24) 6424 ÷ 88 = 73
25) 62 - 70 = -8
26) 588 ÷ 98 = 6
27) -783 ÷ -87 = 9
28) 80 x -26 = -2080
29) -969 ÷ -17 = 57
30) 64 + -49 = 15

DAY 98

1) -83 x 32 = -2656
2) 43 + -3 = 40
3) -49 - -10 = -39
4) 2881 ÷ 43 = 67
5) -574 ÷ 82 = -7
6) -53 - 94 = -147
7) 14 + 14 = 28
8) -70 - 91 = -161
9) 34 x -81 = -2754
10) 85 + -35 = 50
11) 2 x 80 = 160
12) -82 x 68 = -5576
13) 72 x 26 = 1872
14) 72 x -95 = -6840
15) -546 ÷ 13 = -42
16) 28 + 27 = 55
17) 35 - 71 = -36
18) -5 x -85 = 425
19) 5 + -95 = -90
20) 96 + 75 = 171
21) -24 - 31 = -55
22) -24 - 66 = -90
23) -23 - -83 = 60
24) 6424 ÷ 88 = 73
25) 62 - 70 = -8
26) 588 ÷ 98 = 6
27) -783 ÷ -87 = 9
28) 80 x -26 = -2080
29) -969 ÷ -17 = 57
30) 64 + -49 = 15

DAY 99

1) 82 + 43 = 125
2) 1120 ÷ 56 = 20
3) 2562 ÷ 61 = 42
4) -2314 ÷ 26 = -89
5) 2000 ÷ 80 = 25
6) 63 - -75 = 138
7) 5626 ÷ -97 = -58
8) -96 x -14 = 1344
9) -11 - 97 = -108
10) 44 x 94 = 4136
11) 14 + 8 = 22
12) 9 x 28 = 252
13) -44 + -7 = -51
14) 54 + 66 = 120
15) -94 + -39 = -133
16) -80 + 94 = 14
17) 90 - 76 = 14
18) 324 ÷ 9 = 36
19) -53 x -96 = 5088
20) 13 - -9 = 22
21) 9 - -79 = 88
22) 24 + 75 = 99
23) 6264 ÷ 72 = 87
24) -99 x 85 = -8415
25) 27 - -38 = 65
26) 71 x 58 = 4118
27) -96 - 85 = -181
28) -50 x 34 = -1700
29) 61 - 76 = -15
30) 17 + 32 = 49

DAY 100

1) -23 x -77 = 1771   2) -31 x 48 = -1488

3) 70 + -28 = 42   4) -22 + 87 = 65

5) -11 + -36 = -47   6) -2 x 92 = -184

7) 441 ÷ 7 = 63   8) 819 ÷ 63 = 13

9) 73 - 47 = 26   10) 49 - -97 = 146

11) 76 + -37 = 39   12) 51 + 98 = 149

13) -75 ÷ -25 = 3   14) 12 - 43 = -31

15) -33 x 97 = -3201   16) -36 - -4 = -32

17) 8280 ÷ 90 = 92   18) -759 ÷ 69 = -11

19) 51 - 63 = -12   20) 29 x 32 = 928

21) 51 + -96 = -45   22) 74 - 30 = 44

23) 44 ÷ 11 = 4   24) 92 x -24 = -2208

25) 2500 ÷ 50 = 50   26) 37 x 57 = 2109

27) 44 + -33 = 11   28) 73 + 43 = 116

29) 16 - -36 = 52   30) 77 - 89 = -12

FINISH

Made in the USA
Las Vegas, NV
08 March 2024

86778198R00063